教科書要点

ズバっ

新しい社会 公民

東京書籍

この本の構成と特色

この本は，東京書籍版教科書「新しい社会　公民」の内容を定期テスト直前に，すばやく効果的に暗記・学習するためのものです。

各節ごとに，要点を要領よくまとめてあります。

超重要　要点の中の要点を示してあります。ぜひともテストの直前に確認しておきましょう。

でる!　各節でテストに出そうなところをピックアップしています。テスト前の学習時に役立てましょう。

関連用語　テストによく出る関連用語の簡単な説明です。

要点チェック　テストによく出る内容がつまっています。時間がないときは，ここだけでもチェックしておきましょう。

得点アップ 定期テスト対策問題　定期テストを想定した予想問題です。力試しにチャレンジして，自分の実力を見るのに効果的です。

暗記フィルターの使い方

暗記してほしい重要な語句や「要点チェック」「定期テスト対策問題」の解答などは，シートを上にのせると見えなくなるようになっています。手軽に使えるので効果的に活用しましょう。

目　次

目　次

※◇は特設ページ もっと公民 を指します。

1 現代社会の特色と私たち

教科書 p.6～p.17

要点整理

1 持続可能な社会に向けて

①持続可能な社会とは

・持続可能性：現在の世代の幸福と将来の世代の幸福とを両立させること

②持続可能な社会の実現に向けて／③私たちが創る社会

・東日本大震災《しんさい》による防災やエネルギーの課題→持続可能な社会の実現

・グローバル化：世界のさまざまな国や地域との結び付きが深まること

・少子高齢《こうれい》化：生まれる子どもの数が減り，人口にしめる高齢者の割合が高まること

・情報化：情報通信技術の発達で社会が変化すること

・持続可能な社会の実現→一人一人の積極的な社会参画が必要

2 グローバル化―結び付きを深める世界

①グローバル化とは／②国際競争と国際分業

・グローバル化…人や物，お金や情報などの移動が，国境をこえて地球規模に広がっていくこと

・簡単に買える外国製品…航空機や大型コンテナ船の活用で貿易が盛《さか》んに

・国際競争：自国の商品と輸入した商品との間や，異なる国から輸入した商品の間で，より良い商品をより安く提供しようとする競争

・国際分業：それぞれの国が競争力の強い産業に力を入れ，弱い産業については他国にたよること

・日本の食料の課題…食料自給率の低さ

③グローバル社会と日本

・国際協力などで日本の役割がますます重要となる

超重要 現代社会の特徴《とくちょう》＝グローバル化，少子高齢化，情報化

でる!

❶持続可能な社会の内容をつかんでおこう。❷グローバル化の内容は覚えておこう。❸少子高齢社会の内容とその問題点をおさえておこう。❹「情報化」,「人工知能」はよく出る用語だよ。

・異なる文化を持つ外国人などの存在が身近になる→**共生できる社会**に

3 少子高齢化 ― 変わる人口構成と家族

①少子高齢化とは／②多様化する家族の形

・現在の日本は**少子高齢社会**…**合計特殊《とくしゅ》出生《しゅっしょう》率**の減少と,**平均寿命《じゅみょう》**ののびによる高齢者の増加で**少子化**と**高齢化**が進む→人口減少が始まっている

・三世代世帯の減少→親と子ども,夫婦《ふうふ》だけの**核家族《かくかぞく》世帯**の割合の高まり

③少子高齢社会の課題

・社会保障の充実《じゅうじつ》が必要…子どもを生んで育てやすく,高齢者が安心して暮らせる社会に→負担の増加と社会保障の充実との両立が課題

4 情報化 ― 情報が変える社会の仕組み

①情報化とは

・情報通信技術(ICT)が急速に発達…**人工知能(AI)**も大きく進化

・**情報化**:社会の中で情報が果たす役割が大きくなること

②情報化による社会の変化

・インターネット・ショッピングの普及《ふきゅう》など

③情報化の課題

・**情報リテラシー**…情報を正しく活用する力

・**情報モラル**…情報社会で情報を正しく利用する態度

関連用語

合計特殊出生率　一人の女性が一生の間に生む子どもの平均人数のこと。日本の人口が将来にわたって減少しないためには,**2.07以上**が必要といわれている。

平均寿命　0歳《さい》児の平均余命のこと。平均余命とは,ある年齢の人があと何年生きられるかを示したもの。

社会保障　貧困《ひんこん》,病気,高齢化などによる生活不安に対し,国が社会的責任として国民に最低限の生活を保障すること。

もっと公民 新しい情報技術で社会が変わる 教科書 p.16〜17

①新しい情報技術って？

・人工知能(AI)のような，新しい技術の実用化が進んでいる。これらの技術は，私たちの生活を大きく変え，生活がより便利になると考えられているため，いっそうの普及《ふきゅう》が期待されている

・IoT…Internet of Thingsの略。エアコンや冷蔵庫など，さまざまなものがインターネットでつながり，相互《そうご》に情報を交換《こうかん》し合う状態

・VRとMR…VRは仮想現実(Virtual Reality)の略。コンピューターで人工的に作りだした環境《かんきょう》を，人間の視覚や聴覚《ちょうかく》などに働きかけて，現実のように感じさせる技術。MRは混合現実(Mixed Reality)の略で，VRと実際の現実とを合わせて操作などをする

②AIやIoTで食生活を支える

・日本の第一次産業→後継者《こうけいしゃ》不足の問題が深刻→新しい情報技術の活用で，第一次産業の大きな変革と，後継者不足の解消が期待されている

・農作物の収穫《しゅうかく》量と品質…環境条件(気温や日照時間，土の状態や温度など)と人的な条件(肥料の量や作業の時期など)に大きく影響《えいきょう》を受ける

・収穫量と品質の向上にAIを活用…環境条件と実際の収穫量のデータ分《ぶん》析《せき》などにAIを活用→人間がデータを集めなくても，AIが正確で細かいデータをその都度計測し，必要な水や肥料をあたえられるようになる

・IoTを利用した機械の操作…IoTを活用して計測機器などをインターネットにつなぐ→はなれた場所でも，より的確に状態を確認《かくにん》したり，機器を操作したりできる

・データを広い範囲《はんい》で収集して蓄積《ちくせき》し，分析する→さらに収穫量を上げるための対策が可能

・AIやIoTを利用した第一次産業の後継者不足の対策…収穫量や収入が安定することで，後継者や新たに農業に取り組む人も増え，後継者不足が解決する可能性が高まる

③高齢社会を暮らしやすく

- これからの日本は，高齢《こうれい》化がますます進み，一人暮らしや介護《かいご》が必要な高齢者が増えることが予想されている→AIやIoTの活用
- 高齢者の健康管理…遠くはなれた家族や，通っている病院の医者が，AIやIoTを活用して，常に健康状態や安全を見守る→すばやい診断《しんだん》や治《ち》療《りょう》ができるようにすることも構想されている
- 生活必需品《ひつじゅひん》の配達…AIやIoTで自動注文が可能になる→山間部や離島《りとう》の過疎《かそ》地域に暮らす高齢者にも，ドローンなどを使った配達が可能になる→低価格で，すばやく欲《ほ》しい物を届けてもらうことが可能になる
- 高齢者の自動車運転…自動運転車は交通事故を防ぎ，高齢者の行動範囲を広げ，生活様式の選択肢《せんたくし》も大きく広げられる

④サービスの質の向上のために

- 人材育成にも，新しい情報技術の活用が期待されている
- 医療《いりょう》や介護，消防や警察などの職業に就《つ》くとき，VRやMRを活用→現実に近い状況《じょうきょう》を体感しながら，失敗が生命の危険につながらない形で，トレーニングやシミュレーションが可能→技能の向上が期待できる
- 医療や介護では，患者《かんじゃ》や介護される側の状況も体感できる→サービスの質の向上が期待できる
- 趣味《しゅみ》や娯楽《ごらく》…VRの技術を使ったゲーム機の開発→仮想世界に実際にいるような感覚でゲームができる→コンサートを見たり，スポーツを観戦したりする場面に新しい情報技術→新しい見方ができるようになってきている

関連用語

ドローン　人が搭乗《とうじょう》しない無人航空機の通称《つうしょう》。ドローンは各家庭に荷物を届ける無人宅配機以外にも，農業では肥料の散布や栽培《さいばい》状況の確認に，テレビ局などでは空中撮影に，警察では交通状態を調べるために，それぞれ活用されている。

MRを使った演出　2016年にブラジルで開催されたリオデジャネイロオリンピックの閉会式では，次期開催《かいさい》地《ち》の東京を紹介《しょうかい》するショーで，MRの技術が使われた。

要点チェック

□現在の世代の幸福と将来の世代の幸福とを両立させる社会を何というか。	持続可能な社会
□人や物，お金や情報などの移動が，国境をこえて地球規模に広がっていくことを何というか。	グローバル化
□外国で作られた物が，以前より速く大量に運べるようになったのは，航空機やどのような運輸手段の活用によるか。	大型コンテナ船
□自国の商品と輸入した商品との間や，異なる国から輸入した商品の間で，より良い商品をより安く提供しようとする競争とは何か。	国際競争
□それぞれの国が競争力の強い産業に力を入れ，競争力の弱い産業については他国にたよることを何というか。	国際分業
□国内で消費される食料を，国内で生産した食料でどれだけまかなえているかを，パーセントで示したものを何というか。	食料自給率
□国際社会での日本の役割がますます重要になっているため，日本の取り組みが必要とされている分野とは何か。	国際協力
□異なる文化を持つ外国人などの存在が身近になってきたため，求められているたがいを尊重し合う社会を何というか。	共生できる社会
□一人の女性が一生の間に生む子どもの数の平均人数とは何か。	合計特殊《とくしゅ》出生《しゅっしょう》率
□子どもの数が減り，高齢《こうれい》者の割合が高まった社会を何というか。	少子高齢社会

□総人口にしめる65歳《さい》以上の人の割合が７％をこえた社会を何というか。	高齢化社会
□総人口にしめる65歳以上の人の割合が14％をこえた社会を何というか。	高齢社会
□０歳児があと何年生きられるかを示した平均余命のことを何というか。	平均寿命《じゅみょう》
□現在の日本の人口は増加しているか，それとも減少しているか。	減少（している）
□同じ住居で暮らし，生計を同じくする集団のことを何というか。	世帯
□祖父母と親と子どもとで構成される世帯とは何か。	三世代世帯
□親と子ども，あるいは夫婦《ふうふ》だけの世帯とは何か。	核家族《かくかぞく》世帯
□貧困《ひんこん》，病気，高齢化などによる生活不安に対し，国が社会的責任として国民に最低限の生活を保障することとは何か。	社会保障
□多くの情報から推論したり判断したりする人間の知能の働きを，コンピューターに持たせたものを何というか。	人工知能（AI）
□情報の活用が私たちの生活を便利にしたり，防災に役立ったりすることで，社会の中で情報が果たす役割が大きくなることを何というか。	情報化
□デジタルデータにお金としての役割を持たせたものは何か。	電子マネー
□情報社会の中で，私たちが身に付けることを求められている一人一人が情報を正しく活用する力を何というか。	情報リテラシー
□情報社会において，情報を正しく利用していく態度を何というか。	情報モラル

2 私たちの生活と文化

教科書　p.18〜p.23

要点整理

1 私たちの生活と文化の役割

①文化とは

・文化：生活の中で身に付けた言語や行動様式，価値観を意味し，そこから生み出される科学や宗教，芸術もふくむ

②科学・宗教・芸術の役割

・代表的な文化の領域：科学・宗教・芸術

・科学…技術を発達させ，人々の暮らしをより便利で快適にしてきた

・宗教…人間をこえる力を信じて，神や仏の存在について考える

・芸術…心や生活を豊かにしてくれる

③文化の役割と課題

・文化の持つ負の一面…科学技術の危険性や異なる宗教を信じる人々の対立

・より良い暮らしや平和の実現のために，文化を正しく役立てる

2 伝統文化と新たな文化の創造

①伝統文化とは

・伝統文化：歴史の中で育まれ，受けつがれてきた文化→専門家が受けついできた文化だけでなく，衣食住や年中行事，冠婚葬祭《かんこんそうさい》など，一般《いっぱん》の人々に受けつがれてきた生活文化もふくむ

②日本の多様な伝統文化

・多様な文化の存在…地域によって気候や土地柄《がら》に応じた多様な伝統文化

・琉球《りゅうきゅう》文化：沖縄《おきなわ》や奄美《あまみ》群島の人々が，琉球王国時代から受けついできた文化

・アイヌ文化：北海道《ほっかいどう》などで暮らしてきた先住民族アイヌによる文化

超重要 文化の代表的な領域は，科学・宗教・芸術である

でる! ❶文化の領域と役割を覚えておこう。❷日本の多様な伝統文化と課題をおさえておこう。❸「文化財保護法」はよく出る用語だよ。❹「多文化共生」と「ダイバーシティ」などの意味をつかんでおこう。

③伝統文化の継承《けいしょう》の課題

・伝統文化の継承と保存…**文化財保護法**に基《もと》づく→有形，無形の文化財の保存→伝統文化を受けつぐ継承者の若者の減少

3 多文化共生を目指して

①世界に広がる日本文化

・無形文化遺産に登録された和食や，漫画《まんが》やアニメは世界中で親しまれている→「もったいない」という日本人の価値観は世界で高く評価された

②日本の中の国際的な文化

・日本に住む外国人は，自国の文化を大切にしながら暮らしている

・祭りなどの交流の場…在日韓国・朝鮮人やブラジル人などの外国人と日本人とが，いっしょに楽しんでいる

③多文化共生の実現のために

・**ダイバーシティ**(多様性)の尊重…高齢《こうれい》者や若者といった年代，障がいの有無《うむ》などの多様性を尊重する

・**ユニバーサルデザイン**：製品やサービスが，言語や性別，障がいの有無などにかかわらず，だれもが利用しやすいように工夫《くふう》したもの

・**多文化共生**：考えや価値観の異なる人々が，たがいの文化のちがいを認め合い，対等な関係を築きながら，社会の中でともに生活していくこと

関連用語

年中行事　毎年，節分やひな祭り，七五三などのようにしきたりとして行われている行事。季節の移り変わりを示すものが多い。

文化財保護法　国民の文化的向上と世界文化の進歩に貢献《こうけん》することを目的に，文化財の保存と活用について定めた法律。

文化財　文化財保護法には，**有形文化財**(建造物や絵画など)，**無形文化財**(演劇，音楽など)，**民俗《みんぞく》文化財**など6種類が規定されている。

要点チェック

□文化祭やカルチャー(文化)センターなどというときの「文化」にふくまれている意味は何か。	教養
□さまざまな技術を発達させ，人々の暮らしをより便利で快適にしてきた文化の領域の一つは何か。	科学
□文化の領域の一つで，人間をこえる力を信じて，神や仏の存在を考えることで，自分が生まれた自然や社会の中での，より良い生き方を追求することは何か。	宗教
□文化の領域の一つで，音楽をきいたり，絵画や映画を見たり，小説を読んだりして，心や生活を豊かにしてくれるものは何か。	芸術
□歴史の中で育まれ，受けつがれてきた文化を何というか。	伝統文化
□一般《いっぱん》の人々に受けつがれてきた衣食住や年中行事，冠婚葬祭《かんこんそうさい》などを何文化というか。	生活文化
□11月に行われる年中行事で，7歳《さい》，5歳，3歳になった子どもの成長を祝う行事は何か。	七五三
□女子の健《すこ》やかな成長をいのる行事は何か。	ひな祭り
□いった大豆をまいたりして，季節の変わり目に邪気《じゃき》をはらう行事は何か。	節分
□織姫牽牛《おりひめけんぎゅう》伝説にちなんで，短冊《たんざく》などをささにかざる行事は何か。	七夕《たなばた》
□食文化の一つである正月の雑煮《ぞうに》で，西日本で主に雑煮に用いているのは，角もち(四角いもち)か，それとも丸もちか。	丸もち
□沖縄や奄美《あまみ》群島の人々が，琉球《りゅうきゅう》王国の時代から受けついできた文化は何か。	琉球文化

□沖縄に伝わる，型紙を使ってさまざまなもようを染める伝統的な染色《せんしょく》の技法は何か。	紅型《びんがた》
□日本にある二つの独特な伝統文化のうち，北海道《ほっかいどう》や樺太《からふと》(サハリン)，千《ち》島《しま》列島の先住民族だったアイヌ民族が受けついできた文化は何か。	アイヌ文化
□国民の文化的向上と世界文化の進歩に貢献《こうけん》することを目的に，文化財の保存と活用について定めた法律とは何か。	文化財保護法
□建造物や絵画，彫刻《ちょうこく》，工芸品などの文化財を何というか。	有形文化財
□演劇や音楽，工芸技術などの文化財を何というか。	無形文化財
□衣食住，信仰《しんこう》，年中行事などに関する風俗《ふうぞく》習慣，民族芸能およびこれらに用いられる衣服，器具などの文化財を何というか。	民俗《みんぞく》文化財
□ノーベル平和賞を受賞したケニア出身の環境《かんきょう》保護活動家によって紹介《しょうかい》された，日本人の価値観を表す言葉は何か。	もったいない
□高齢《こうれい》者や若者といった年代のちがい，障がいの有《う》無《む》など，共通点を持つ人々に共有されているさまざまな価値観や考え方を何というか。	ダイバーシティ(多様性)
□言語や性別，障がいの有無などにかかわらず，だれもが利用しやすいように工《く》夫《ふう》した製品やサービスを何というか。	ユニバーサルデザイン
□国籍《こくせき》や民族，宗教などにより，考え方や価値感の異なる人々が，たがいの文化のちがいを認め合い，対等な関係を築きながら，社会の中でともに生活していくことを何というか。	多文化共生

3 現代社会の見方や考え方

教科書　p.24〜p.37

要点整理

1 社会集団の中で生きる私たち

①社会集団とは

・私たちは，さまざまな**社会集団**の中で生活をしている

・**家族**：最も身近なもの→社会集団での基本的な決まりを身に付ける

・**地域社会**：社会の決まりを身に付けたり，困ったときに助け合ったりする，重要な社会集団

②社会的存在としての人間

・人間は**社会的存在**…人間はさまざまな社会集団に所属し，その一員として協力し合わなければ，生きることや成長すること，生活を豊かにすることができない

③対立と合意

・**対立**：考え方や求めるものがちがうため，起こっている問題

・**合意**を目指す…相手の話をよく聞き，たがいに受け入れられる解決策を話し合う

2 決まりを作る目的と方法

①さまざまな決まりと目的／②権利と責任・義務

・**決まり**（ルール）：対立が起こるのを防ぐために，あらかじめ作っておくもの

・決まりを作る際には，人々に保障された権利を守る必要がある

・決まりが**権利**を守っているからこそ，その決まりを守る**責任**や**義務**がある→決まりを守ることで，社会集団の秩序《ちつじょ》が保たれる

③決まりを作るさまざまな方法

・決まりを決める方法…全員で話し合う方法や，代表者が話し合う方法

超重要　採決の仕方には，全会一致《いっち》と多数決という方法がある

でる! ❶人間は社会的存在であることを覚えておこう。❷採決の仕方で全員一致と多数決をおさえておこう。❸効率と公正の考え方を理解しておこう。❹「決まり」が状況《じょうきょう》に応じて変更《へんこう》できることは重要だよ。

・決定の仕方…**全会一致《いっち》**で決めるか，**多数決**で決めるか→少数の意見も十分に聞く(**少数意見の尊重**)

採決の仕方	長所	短所
全会一致	みんなが納得する	決定に時間がかかることがある
多数決	一定時間内で決定できる	少数意見が反映されにくい

⬆物事の決定・採決の仕方

3 効率と公正

①全員が納得《なっとく》するために

・効率と公正…全員が納得できるかを判断する代表的な考え方

②効率とは／③公正とは

・**効率**：社会全体で「無駄《むだ》を省く」こと(一般的には，より少ない資源でより大きな成果を得ること)

・**公正**：一人一人を尊重し，不当にあつかわない／手続きの公正さ…全員が対等に参加できること／機会や結果の公正さ…機会が不当に制限されたり，結果が不当なものになったりしないように配慮《はいりょ》すること

4 決まりの評価と見直し

①決まりは変更できる

・状況に応じて決まりを見直し，変えていくことも必要

②決まりを評価する観点／③共生社会を目指して

・決まりを評価する際の五つの観点…目的を実現するための適切な手段に

関連用語

社会集団　家族や地域社会など生まれたときから属している社会集団では，**基本的な決まり**を身につける。一方，学校や会社など目的を持って参加する社会集団では，能力をのばしたり，収入を得たりする。

多数決　一定の結論を出すとき，より**多くの人が賛成**するものを採用する方法。

少数意見の尊重　多数決で結論を出す前に，少数の意見を十分に聞いて，できるだけその意見を尊重すること。

なっているか／だれにとっても同じ内容を意味するものになっているか／決まりを作る過程にみんなが参加しているか／立場をかえても受け入れられるものになっているか／お金や物，土地，労力などが無駄《むだ》なく使われているか

・対立と合意，効率と公正という考え方を理解し，判断に活用する力を養う→**共生社会**を実現するために

もっと公民　オリンピック・パラリンピックと日本の心　教科書 p.36

①オリンピック・パラリンピックを「OMOTENASHI」の心で

・57年ぶりのオリンピック…2021年，東京での夏季オリンピック・パラリンピックが開催《かいさい》された→東京での開催は1964年（昭和39年）以来，57年ぶり

・開催地候補《こうほ》…ブエノスアイレス（アルゼンチン）で国際オリンピック委員会総会が開かれた→最終選考まで残ったのは東京，イスタンブール（トルコ），マドリード（スペイン）の３カ国

・日本の心が流行語になる…2013年の，開催地を決める最終投票直前のプレゼンテーションでは，日本の心として「OMOTENASHI（おもてなし）」という言葉が紹介《しょうかい》され，流行語にもなった

・日本の心を感じてもらう…東京オリンピック・パラリンピック開催期間中には，外国人選手たちが訪日する→日本のスタッフや通訳の人たちを通して，日本のおもてなしの心を感じてもらう

・オリンピック・パラリンピックが開催される東京都を中心に，道路標識などに英語表記や路線番号，ピクトグラム（絵記号）を加える→外国人にも分かりやすくする改善が行われていた

②オリンピック・パラリンピックと日本の文化

・オリンピック・パラリンピックの意義…世界規模のスポーツ競技会であると同時に，さまざまな国の文化が世界中に発信される機会でもある

・柔道《じゅうどう》や空手…日本で生まれた競技→日本の文化が国際社会に広がった例でもある

・国際平和への期待…開催国全体が一丸となって，外国人をむかえる準備や，開催中の競技や観戦をする→さまざまな国の文化を理解し，交流が進む→国際平和につながることも期待されている

③オリンピック・パラリンピックで伝えたい日本の心

・閉会式で次の都市を紹介…オリンピック・パラリンピックの閉会式では，次の開催地への引きつぎ式と，その都市を紹介するショーが行われる

・東京に向けて…2016年，ブラジルのリオデジャネイロオリンピックの閉会式では，東京を紹介するショーが開かれ，日本の東京都知事や内閣総理大臣が登場した

・ありがとうの心…ショーの最初に世界各国の言語で「ありがとう」という文字がフィールドに映し出された→2011年に発生した**東日本大震災《しんさい》**での，世界各国の支援《しえん》に対する感謝の気持ちを伝えるもの

・さまざまな日本の心…「おもてなし」だけでなく，「おかげさま」「もったいない」という，感謝やものを大切にする日本の心も，伝わることが期待されている

関連用語

オリンピック　夏季と冬季の各大会が，それぞれ２年ずつずれて，４年に１回，ほぼ全世界の国が参加して開かれるスポーツの国際大会。

日本で過去に開催されたのは，夏季が1964年の東京，冬季は1972年の札幌と1998年の長野の計３回である。

初めて日本での開催が決定したのは，1940年の第12回大会で，東京で開催されることになっていた。しかし，日中戦争の激化により，開催が返上された。

また，2020年開催予定だった第32回東京大会は，世界的な新型感染症《かんせんしょう》の流行の影響《えいきょう》を受けて1年延期された。

パラリンピック　身体障がい者・知的障がい者を対象とした国際競技大会。オリンピックと同じ年に同じ場所で開催される。

ピクトグラム　車椅子マークや非常口マークなどのように，情報や注意を表示する絵記号。

要点チェック

□生まれて最初に加わる，最も身近な社会集団は何か。	家族
□家族の基本的な原則は，個人の尊厳と両性の本質的な何か。	平等
□社会の決まりを身に付けたり，困ったときに助け合ったりする，重要な社会集団は何か。	地域社会
□学校や部活動，会社などは，何に合わせて自分から所属する社会集団か。	目的
□さまざまな社会集団に所属し，その一員として協力し合わなければ，生きることや成長することができないことから，人間は何といわれるか。	社会的存在
□社会集団の中で，考え方や求めるものがちがうため，起こっている問題は何か。	対立
□自分の意見を主張するだけでなく，相手の話をよく聞き，たがいが受け入れられる解決策を話し合い，目指していくものは何か。	合意
□社会集団での生活を成り立たせるために，対立を合意に導く解決策を考えることや，対立が起こるのを防ぐために，あらかじめ社会集団の中や集団どうしで作っておくものは何か。	決まり（ルール）
□一人一人が自由で平等な人間として尊重されるために，人々に保障された何を守る必要があるか。	権利
□物の貸し借りをしたり，商品を購入《こうにゅう》したりする際に結ぶ，会社や個人がたがいの権利を尊重し，保障するための決まりを何というか。	契約
□物事の決定の方法の一つで，みんなの意見が反映されるが，決定に時間がかかることがある方法は何か。	全員で話し合って決定

□物事の決定の方法の一つで，みんなの意見がある程度反映され，全員で決めるよりも決定するのに時間がかからない方法は何か。	代表者の話し合いで決定
□みんなが納得《なっとく》するが，決定までに時間がかかることがある採決の方法は何か。	全会一致《いっち》
□一定時間内で決定できるが，少数意見が反映されにくい採決の方法は何か。	多数決
□多数決で決定するときに重要なことで，決定する前に少数の意見も十分に聞いたうえで，できるだけ生かすことを何というか。	少数意見の尊重
□対立の解決策の内容や決定の方法について，全員が納得できるかを判断する代表的な二つの考え方は何と何か。	効率と公正
□みんなが納得できるかどうか判断する場合に用いられるときの効率の意味は,「より少ない資源でより大きな成果を得ること」か,「無駄《むだ》を省くこと」か。	無駄を省くこと
□人々の時間やお金，物，労力などをどのように使うとき，効率的だと考えるか。	無駄なく使う
□公正という考え方の中で，全員が対等に参加して決定できるようにすることは何の公正さか。	手続きの公正さ
□特定の人が正当な理由もないのに参加する機会を制限されたり，結果が不当なものになったりしないように配慮《はいりょ》することを何というか。	機会や結果の公正さ
□決まりが適切なものかを評価する際に，効果的な観点はいくつあるか。	五つ
□さまざまな社会集団の中で，多様な考え方や価値観を持つ人々と，たがいにちがいを認めながら，協力して生きている社会を何というか。	共生社会

得点アップ ◉定期テスト対策問題①◉

1 **T市のまちの様子からながめる現代社会に関して，次の①～⑤の文に当てはまるものを，あとのア～ウから選び，記号で答えなさい。**

① 少量のパックのお総菜を買っていく人がいる。

② 病院で外国人が働いているのを見かけたことがある。

③ 商店でスマートフォンを使って支払いをしている人がいた。

④ スーパーマーケットの商品の中には，外国産のものも見られた。

⑤ 赤ちゃんをつれて買い物にきた人が，安心して赤ちゃんを預けられる設備がある。

ア グローバル化　　**イ** 少子高齢《こうれい》化　　**ウ** 情報化

①(イ)　②(ア)　③(ウ)　④(ア)　⑤(イ)

2 **グラフを見て，次の問いに答えなさい。**

⑴ 右の天ぷらそばの材料の生産国のグラフからどのようなことが分かるか，次の文中の(　)に当てはまる語句を答えなさい。

日本は，多くの材料をさまざまな国からの(輸入)にたよっている。

⑵ 右の日本で暮らす外国人の数の推移のグラフの**ア**～**エ**から，中国に当てはまるものを選び，記号で答えなさい。

(エ)

⑶ 次のページの日本の品目別食料自給率の推移のグラフを見て，あとの問いに答えなさい。

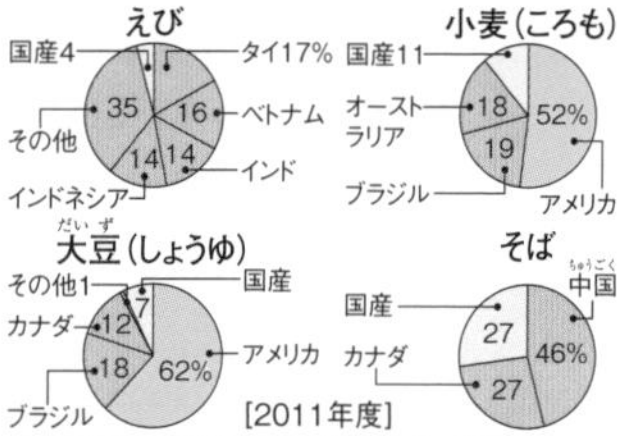

⬆天ぷらそばの材料の生産国
(農林水産省資料)

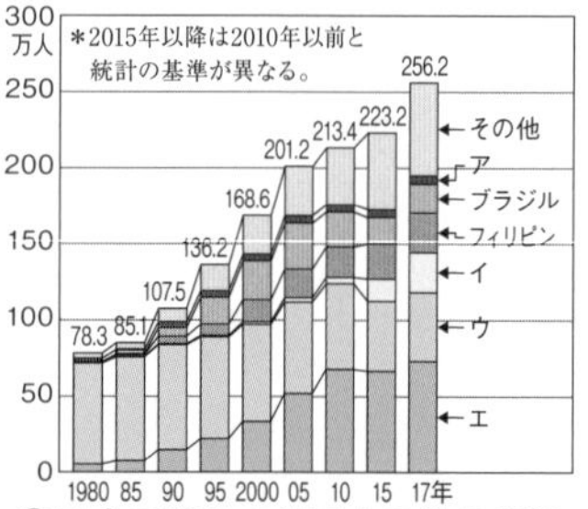

⬆日本で暮らす外国人の数の推移
(法務省資料)

① このグラフから，日本の食料自給率が，どのように推移していることが分かるか，次の文中の(　)に当てはまる語句を答えなさい。

肉類や魚介類《ぎょかいるい》など，日本の食料自給率は年々(　減少　)している。

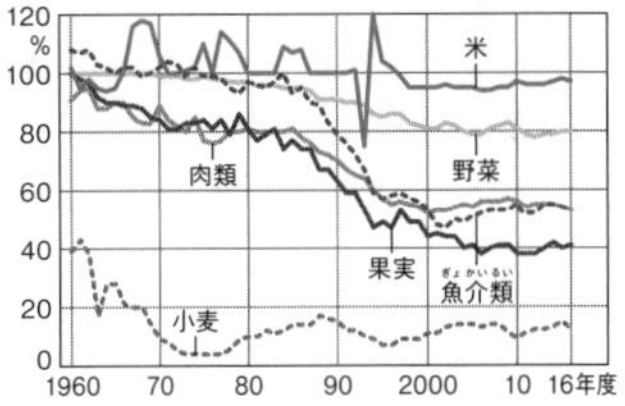

↑日本の品目別食料自給率の推移
(「食料需給《じゅきゅう》表」平成24年度ほか)

② 食料自給率とはどういうものか，次の文中の(　)に当てはまる語句を答えなさい。

国内で(　消費　)される食料を，(　国内生産　)でどれだけまかなえているかをパーセントで示したもの。

3 次の問いに答えなさい。

(1) 多くの情報から推論《すいろん》したり判断したりする人間の知能の働きを，コンピューターに持たせたものを何というか。　(　人工知能(AI)　)

(2) 現代社会では，多様な情報を一瞬《いっしゅん》のうちに大量に入手し，共有し，発信することができるようになっている。社会の中で情報が果たす役割が大きくなることを何というか答えなさい。　(　情報化　)

(3) 情報化が進み，生活の中で情報の役割が大きくなっている中で，身に付けることが求められている情報を正しく活用する力を何というか。

(　情報リテラシー　)

(4) 次の①，②の文は，情報モラルに反する行為《こうい》について述べたものである。どのようなことが問題となるのか，答えなさい。

① SNSやブログに友達の悪口を書く。

→友達の(　名誉　)を傷《きず》つけている。

② SNSやブログに友達の写真や名前，学校名をのせる。

→(　個人的な情報　)が本人の知らないうちに流出する。

得点アップ　●定期テスト対策問題②●

1　右のグラフを見て，次の問いに答えなさい。

(1)　次の①～④の問いに答えなさい。

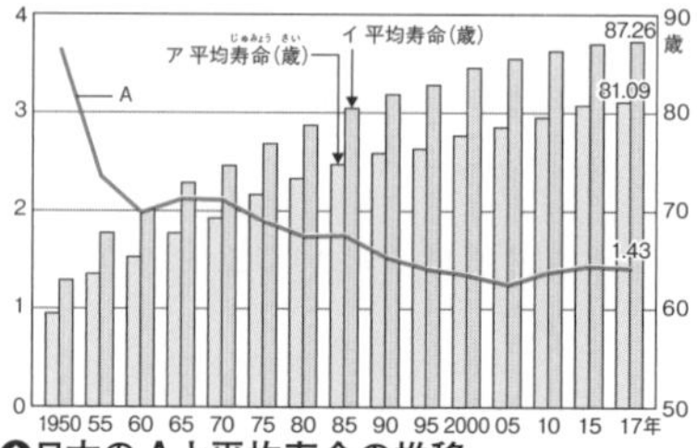

日本のAと平均寿命の推移

（国立社会保障・人口問題研究所資料ほか）

①　グラフ中のAに当てはまる語句を答えなさい。

（ 合計特殊出生《とくしゅしゅっしょう》率 ）

②　Aの折れ線グラフから分かることは，一人の女性が生む子どもの数が減っていることである。この状況《じょうきょう》を何というか答えなさい。

（ 少子化 ）

③　女性の平均寿命《じゅみょう》を表しているものを，グラフ中のア，イから選び，記号で答えなさい。（ イ ）

④　グラフから日本はどのようなことが進行しているといえるか答えなさい。（ 少子高齢《こうれい》化 ）

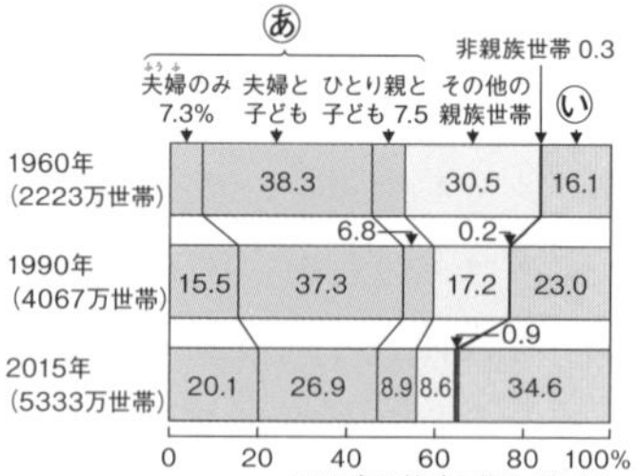

*1960年は統計の基準が異なる。

家族類型別世帯数の推移

（「国勢調査報告」平成22年ほか）

(2)　上の家族類型別世帯数の推移のグラフを見て，次の問いに答えなさい。

①　グラフ中のあは何という世帯か答えなさい。（ 核家族《かくかぞく》世帯 ）

②　グラフ中のいは，一人暮らしの世帯を表している。この世帯を何というか答えなさい。（ 単独世帯 ）

2　生活と文化について，次の問いに答えなさい。

(1)　文化の領域について，次の①～③の文に当てはまるものを，あとのア～ウから選び，記号で答えなさい。

①　人々の心や生活を豊かにしてくれるもの。（ イ ）

②　人間をこえる力を信じて，神や仏の存在について考えることで，よ

り良い生き方を追求するもの。　　　　　　　　　　　　（　ウ　）

③　さまざまな技術を発達させ，人々の暮らしをより便利で快適にしてきたもの。　　　　　　　　　　　　　　　　　　　　（　ア　）

ア　科学　　　**イ**　芸術　　　**ウ**　宗教

⑵　日本の伝統文化を保護するために制定されたある法律では，文化的景観や伝統的な建築物なども文化財とされている。この法律名を答えなさい。　　　　　　　　　　　　　　　　　　　（ 文化財保護法 ）

⑶　ノーベル平和賞を受賞したケニア出身の環境《かんきょう》保護活動家のワンガリ・マータイさんによって世界に紹介された，日本人の価値観を表す言葉は何か答えなさい。　　　　　　　　　　　　　　（ もったいない ）

❸ 現代社会の見方や考え方について，次の問いに答えなさい。

⑴　決定の方法について述べた次の①～③の文に当てはまるものを，あとの**ア**～**ウ**から選び，記号で答えなさい。

①　みんなの意見がある程度反映されるが，みんなの意見が反映されないこともある。

②　決定に時間がかからないが，みんなの意見が反映されない。

③　みんなの意見が反映されるが，決定に時間がかかることがある。

ア　全員で話し合って決定　　　**イ**　代表者の話し合いで決定

ウ　一人で決定　　　　①（　イ　）②（　ウ　）③（　ア　）

⑵　採決の方法についての①，②の文に当てはまる語句を答えなさい。

①　みんなが納得《なっとく》するが，決定に時間がかかることがある。

（　全会一致《いっち》　）

②　一定時間内で決定できるが，少数意見が反映されにくい。

（　多数決　）

⑶　対立を合意に導く解決策を考える際には，全員が納得できるものにする必要がある。そのためにはどのような考え方に立たなくてはならないか二つ答えなさい。　　　（　効率　）（　公正　）

1 人権と日本国憲法

教科書　p.40～p.49

要点整理

1 人権の歴史と憲法

①人権の考え方／②人権思想の発展と広がり／③憲法と立憲主義の意義

・人権(基本的人権)：一人一人がかけがえのない個人として尊重され，平等にあつかわれ，自分の意思で自由に生きることができる権利

・自由権…表現の自由や信仰《しんこう》の自由，財産の保障などの自由

・平等権…身分制度の否定　　・社会権…人間らしい豊かな生活を保障

・第二次世界大戦後，国際連合の世界人権宣言などで国際的に保障される

・法の役割…政治は人の支配ではなく，法の支配のもとで行う

・憲法…人権を保障するための最高の法

・立憲主義…憲法によって政治権力を制限して人権を保障する考え方

2 日本国憲法とは

①大日本帝国《ていこく》憲法

・大日本帝国憲法…1889(明治22)年発布。国の政治の決定権は天皇が持つ(天皇主権)

②日本国憲法の制定とその基本原理／③日本国憲法が定める政治の仕組み

・日本国憲法…1946(昭和21)年11月３日に公布，翌年５月３日に施行《しこう》

・基本原理…国民主権，基本的人権の尊重，平和主義

・三権分立…国の権力を立法権，行政権，司法権に分け，権力の集中を防ぐ

3 国民主権と私たちの責任

①国民主権と政治参加／②憲法改正／③「象徴《しょうちょう》」としての天皇

・国民主権…主権を持つ者(主権者)は国民

・憲法改正の発議…衆参両院の総議員の３分の２以上の賛成が必要→その

超重要 日本国憲法の基本原理：国民主権，基本的人権の尊重，平和主義

でる！

❶自由権・平等権・社会権を覚えておこう。❷大日本帝国憲法と日本国憲法の主権者のちがいはよく出るよ。❸平和主義と「非核《ひかく》三原則」は重要だよ。❹個人の尊重と法の下《もと》の平等についておさえよう。

後，満18歳《さい》以上の国民による国民投票を行う

・日本国憲法での天皇の地位：日本の国と日本国民全体の象徴

・天皇の国事行為《こうい》…政治について権限を持たず，内閣の助言と承認《しょうにん》が必要

4 平和主義の意義と日本の役割

①平和主義と憲法第９条／②日米安全保障条約と集団的自衛権

・平和主義…戦争を放棄《ほうき》して世界の平和のために努力する考え

・日米《にちべい》安全保障条約…日本の防衛のために，アメリカと結んだ条約

③自衛隊の国際貢献《こうけん》／④被爆国日本の役割

・自衛隊…国際貢献活動として国連の平和維持《いじ》活動への参加，災害派遣《はけん》

・非核《ひかく》三原則…核兵器を「持たず，作らず，持ちこませず」→核兵器廃絶《はいぜつ》

5 基本的人権と個人の尊重

①人権を保障するとは／②だれもが持っている人権／③子どもの人権

・基本的人権…平等権，自由権，社会権，参政権などの権利で，「個人の尊重」の考え→「法の下《もと》の平等」に深く関係

・人権の保障…国は，社会で差別や不利益を受ける人々がいなくなるように，人権の保障を推進し，全ての国民がかけがえのない個人として尊重される社会の仕組みをつくる役割を担《にな》う

・子ども（児童）の権利条約…子どもにも人権が保障されることを確認《かくにん》

関連用語

世界人権宣言　人種や宗教などのちがいをこえて，人類普遍《ふへん》の価値として人権を認めた宣言。1948年，国連総会で採択《さいたく》。

天皇の国事行為　国会の指名に基《もと》づく内閣総理大臣の任命，国会の召集《しょうしゅう》，衆議院の解散，栄典の授与《じゅよ》などがある。

日米安全保障条約　日本の安全と東アジアの平和のためにアメリカ軍の日本駐留《ちゅうりゅう》を認めている。

要点チェック

□人間が生まれながらにして持っている権利は何か。	人権(基本的人権)
□「法の精神」で三権分立を唱えたフランスの思想家はだれか。	モンテスキュー
□「社会契約《けいやく》論」で人民主権を唱えたフランスの思想家はだれか。	ルソー
□「我々は以下のことを自明の真理であると信じる。人間はみな平等に創られ，……」とうたわれた，1776年に出された宣言は何か。	アメリカ独立宣言
□独立宣言や人権宣言などで保障された表現の自由や信仰《しんこう》の自由などの権利は何か。	自由権
□人間らしい豊かな生活を保障しようとする権利は何か。	社会権
□1919年にドイツで制定された「全ての人に人間に値《あたい》する生存」を保障した憲法は何か。	ワイマール憲法
□多くの国で人権を保障するために制定されるようになった，最高の法は何か。	憲法
□法の支配に基《もと》づき，憲法によって政治権力を制限して人権を保障するという考え方は何か。	立憲主義
□1946年11月３日に公布，1947年５月３日に施行《しこう》された憲法は何か。	日本国憲法
□日本国憲法の三つの基本原理は，国民主権，平和主義と，もう一つは何か。	基本的人権の尊重
□国の権力を立法権，行政権，司法権の三つに分けて，それぞれを別の機関が持つことで権力の集中を防ぎ，国民の人権を守るという考え方は何か。	三権分立
□日本国憲法における，主権を持つ者(主権者)は国民であるという考え方は何か。	国民主権

□憲法改正原案が国会に提出されると，衆議院と参議院で審議《しんぎ》され，両院の総議員の３分の２以上の賛成で可決されると，国会は国民に対し何をするか。	憲法改正の発議
□日本国憲法では，天皇は日本の国と国民全体の何とされているか。	象徴《しょうちょう》
□天皇の国事行為《こうい》に対して，助言と承認《しょうにん》を行う国の機関はどこか。	内閣
□日本は，太平洋戦争の反省をもとに，日本国憲法で戦争を放棄《ほうき》して世界の平和のために努力するという考えをかかげた。これを何というか。	平和主義
□戦争を放棄し，戦力を持たず，交戦権を認めないことを定めているのは，日本国憲法第何条か。	第９条
□日本の防衛のために，アメリカ軍が日本の領域に駐《ちゅう》留《りゅう》することを認めた，アメリカと結んでいる条約は何か。	日米安全保障条約(日米安保《あんぽ》条約)
□自衛隊が日本の防衛だけでなく，国際貢献《こうけん》の活動として参加している，ハイチや南スーダンなどでの国際連合による平和維持《いじ》活動の英語の略称《りゃくしょう》は何か。	PKO
□1945(昭和20)年８月に原子爆弾《ばくだん》が投下された日本の都市は広島市と何市か。	長崎市
□日本がかかげている，核兵器《かくへいき》を「持たず，作らず，持ちこませず」という原則は何か。	非核《ひかく》三原則
□人権の保障の，一人一人の個性を尊重し，かけがえのない個人としてあつかうという考え方は何か。	個人の尊重
□法の下《もと》の平等が規定されているのは，日本国憲法の第何条か。	第14条
□1989年に国際連合で採択《さいたく》された，子どもにも人権が保障されることを確認した条約は何か。	子ども(児童)の権利条約

2 人権と共生社会

教科書　p.50〜p.61

要点整理

1 平等権①—共生社会を目指して

①平等に生きる権利

・平等権…全ての人間は平等な存在であり，平等なあつかいを受ける権利を持つ

②部落差別の撤廃《てっぱい》

・部落差別…被《ひ》差別部落の出身者に対する差別で，同和問題ともいう→江戸時代の身分は，明治時代の「賤称廃止《せんしょうはいし》例」(解放令)によって廃止された→その後も就職や教育，結婚《けっこん》などの面で差別が続く→部落解放運動が起こり，1922(大正11)年に全国水平社が結成

・部落差別の撤廃と法律の制定…1965(昭和40)年に同和対策審議《しんぎ》会が出した答申《とうしん》は，部落差別の撤廃は国の責務で，国民の課題であると宣言→同和対策事業や，差別をなくす啓発《けいはつ》活動が推進された→今もなお差別が解消されておらず，2016(平成28)年に部落差別解消推進法が制定された

③アイヌ民族への差別の撤廃

・アイヌ民族…独自の言葉や文化を持ち，古くから北海道《ほっかいどう》を中心に生活

・北海道開拓《かいたく》とアイヌ民族差別…明治時代の北海道開拓→アイヌの人々の土地をうばい，伝統的な風習などを否定する同化政策を進める→第二次世界大戦後も差別は続く

・アイヌ民族支援《しえん》法…アイヌ民族が先住民族として法的に位置付けられた→民族としての誇《ほこ》りが尊重される社会の実現を目指す

④在日韓国《かんこく》・朝鮮《ちょうせん》人への差別の撤廃

・在日韓国・朝鮮人…2017年現在，約45万人が暮らしている

・韓国併合《へいごう》…日本の植民地支配の時期に，意思に反して日本に連れてこられた人々や，その子孫も多い→これらの人々に対する差別がなくなって

でる!

❶基本的人権は何を意味しているかを覚えておこう。❷三つの自由権をつかんでおこう。❸社会権，特に生存権の内容はよく出るよ。❹国民の三大義務と「公共の福祉《ふくし》」は重要だよ。

いない→人権を保障していくことが求められている

2 平等権②―共生社会を目指して

①男女平等を目指して

・女性差別…性別役割分担の固定的な考え方が残る→男性より不利な採用や昇進《しょうしん》，性的ないやがらせ（セクシュアル・ハラスメント）

・1985（昭和60）年に**男女雇用《こよう》機会均等法**，1999（平成11）年に**男女共同参画社会基本法**の制定…男性も女性も対等な立場で活躍《かつやく》できる社会を創る

②性の多様性への理解

・性の意識…性の意識は人によりさまざま→同性愛意識，身体的な性別と意識する性別のちがいを感じている人々→不利益を受けることがある

・性差別…性は個人の生き方そのものに関わる問題→性の意識のちがいによって差別することは許されない

③障がいのある人への理解

・**インクルージョン**：さまざまなちがいを認め，関わる全ての人が参加して支え合うこと

・**バリアフリー化**…例：公共の交通機関や建物では，障がいのある人も利用しやすいように，段差をなくす

・**障害者基本法**…障がいのある人の自立と社会参画の支援を目的

・障害者差別解消法：2013年に制定された，差別を禁止する法律

④在日外国人への理解

・外国人の数の増加…2017年現在，日本で暮らす外国人は日本の人口の約2.0％→中国やベトナム，フィリピンなどのアジアから来る人々や，ブラジルなど南アメリカから来る日系人が増加→生活するうえでも，不当な不利益や差別を受けないようにする→言葉や文化のちがいにも配慮《はいりょ》

3 自由権―自由に生きる権利

①憲法が保障する自由とは

・**自由権**：自由に物事を考え，行動できることを保障した権利

・日本国憲法が保障する自由権：精神の自由，身体の自由，経済活動の自由

②精神の自由

・**精神の自由**：自由に考え，自分の意見を発表する自由

・思想・良心の自由，信教の自由，集会・結社・表現の自由，学問の自由

③身体の自由

・**身体の自由**…警察などの捜査《そうさ》や裁判では，身体の自由を強く保障

・日本国憲法の規定…令状のない逮捕《たいほ》や住居の捜索《そうさく》の禁止，拷問《ごうもん》や残虐《ざんぎゃく》な刑罰《けいばつ》を強く禁止，強要された自白は証拠《しょうこ》にならない

④経済活動の自由

・**経済活動の自由**：職業選択《せんたく》の自由，財産権，居住・移転の自由などを保障→精神や身体の自由に比べて法律による制限を受けやすくなっている

4 社会権―豊かに生きる権利

①人間らしい生活を営む権利

・**社会権**：人間らしい豊かな生活を送るための権利

　・憲法で，生存権や教育を受ける権利，勤労の権利，労働基本権を保障

②生存権

・**生存権**：「健康で文化的な最低限度の生活を営む権利」(憲法第25条①)

・人間として最低限度の生活さえ営めなくなった人々に，**生活保護法**によって，必要な費用が支給される

・老齢《ろうれい》年金や医療《いりょう》保険，介護《かいご》保険などの，社会保障制度を整えることも重要

③教育を受ける権利

・**教育を受ける権利**：全ての子どもが学校で学習するための権利

超重要 国民の三大義務：普通《ふつう》教育を受けさせる，勤労，納税の義務

・教育の基本方針は，**教育基本法**で定めている

④勤労の権利と労働基本権

・**勤労の権利**：働いて収入を得て，生活を安定させることを保障した権利

・**労働基本権**：使用者に対して弱い立場にある労働者のために保障された権利→団結権，団体交渉《こうしょう》権，団体行動権

5 人権を確実に保障するための権利

①参政権

・**参政権**：国民が政治に参加する権利

　・**選挙権**：満18歳《さい》以上の全ての国民に認められた権利／**被《ひ》選挙権**：選挙に立候補する権利／憲法改正についての国民投票／請願《せいがん》権など

②裁判を受ける権利／③その他の請求権

・日本国憲法に定められた請求権：人権侵害された人が救済を求める権利

・**裁判を受ける権利**：裁判所に法に基《もと》づいて公正に判断してもらう権利

・国家賠償《ばいしょう》請求権，刑《けい》事《じ》補《ほ》償《しょう》請求権

6 「公共の福祉《ふくし》」と国民の義務

①「公共の福祉」とは

・**公共の福祉**：人権の限界や制限→社会全体の利益のため

②人権の制限が許される場合

・経済活動の自由には，公共の福祉による制限が，広く認められている

③国民の義務

・三つの義務：**普《ふ》通《つう》教育を受けさせる義務**，**勤労の義務**，**納税の義務**

・教育と勤労の義務は同時に国民の権利

関連用語

「公共の福祉」による人権制限の例

表現の自由↔他人の名《めい》誉《よ》を傷つける行《こう》為《い》の禁止

集会・結社の自由↔デモの規制

居住・移転の自由↔感染症《かんせんしょう》による入院措《そ》置《ち》

職業選択の自由↔無資格者の営業禁止

財産権の保障↔不備な建築の禁止

要点チェック

□全ての人間は平等な存在であり，平等なあつかいを受ける権利を持っているが，それは何か。	平等権
□1965年に，部落差別の撤廃《てっぱい》は国の責務であり，国民の課題であると宣言した答申《とうしん》は何か。	同和対策審議《しんぎ》会(の)答申
□今もなお解消されていない部落差別の撤廃のために，2016年に制定された法律は何か。	部落差別解消推進法
□アイヌ民族が先住民族として法的に位置付けられた2019年にできた法律は何か。	アイヌ民族支援《しえん》法
□男女間の採用・昇給《しょうきゅう》・昇進《しょうしん》の差別の禁止など，雇用《こよう》の面での女性への差別を禁止した法律は何か。	男女雇用機会均等法
□男性も女性も対等な立場で活躍《かつやく》できる社会を創ることを求めて制定された法律は何か。	男女共同参画社会基本法
□さまざまなちがいを認め，関わる全ての人が参加して支え合うことを何というか。	インクルージョン
□公共の交通機関や建物では，障がいのある人々も利用しやすいように，段差をなくすなどをすることを何というか。	バリアフリー
□障がいのある人の自立と社会参画の支援《しえん》を目的として制定された法律は何か。	障害者基本法
□障がいのある人から，何らかの対応をしてほしいと伝えられたときに，負担が大きすぎない範囲《はんい》で対応や努力をすることを何というか。	合理的配慮《はいりょ》
□自由に物事を考え，行動できることを保障した権利は何か。	自由権
□自由権の一つで，自由に考え，自分の意見を発表することなどを保障した権利は何か。	精神の自由

□自由権の一つで，正当な理由もなくとらえられたり，罪を犯《おか》していないのに刑罰《けいばつ》を受けたりしないことなどを保障した権利は何か。	身体の自由
□自由権の一つで，職業選択《せんたく》の自由や財産権，居住・移転の自由などを保障した権利は何か。	経済活動の自由
□人間らしい豊かな生活を送るための権利は何か。	社会権
□健康で文化的な最低限度の生活を営む権利は何か。	生存権
□全ての子どもが学校で学習するための権利は何か。	教育を受ける権利
□労働基本権のうち，労働者が団結して行動するために労働組合を作る権利は何か。	団結権
□労働基本権のうち，労働組合が賃金などの労働条件を改善するために使用者と交渉《こうしょう》する権利は何か。	団体交渉権
□労働基本権のうち，労働組合が要求を実現するためにストライキなどを行う権利は何か。	団体行動権
□国民が政治に参加する権利は何か。	参政権
□国会や地方議会の議員，都道府県知事や市町村や特別区の長を選挙する権利は何か。	選挙権
□わが国において，選挙権は満何歳《さい》以上の全ての国民に認められているか。	満18歳以上
□国や地方の役所などに何かを要望をする権利は何か。	請願《せいがん》権
□裁判所に法に基《もと》づいて公正に判断してもらう請求権は何か。	裁判を受ける権利
□人権には，他人の人権を侵害《しんがい》しない範囲で保障されるという限界がある。また人権は，多くの人々が同じ社会で生活するために制限されることがある。この人権の限界や制限を何というか。	公共の福祉《ふくし》
□国民の三つの義務は，子どもに普通《ふつう》教育を受けさせる義務，勤労の義務と，あと一つは何か。	納税の義務

3 これからの人権保障

教科書　p.62〜p.74

要点整理

1 新しい人権①―産業や科学技術の発展と人権

①社会の変化と「新しい人権」

・産業や，情報化などの科学技術の発展…日本国憲法には直接的に規定されていない権利が主張されるようになる

・新しい人権：環境《かんきょう》権や自己決定権，知る権利，プライバシーの権利など

②環境権

・高度経済成長の時期…経済の発展を優先→水俣《みなまた》病をはじめ，深刻な公害が発生

・**環境権**：住みやすい環境を求める権利…日照権など

・環境基本法：環境保全のための，国や地方などの責務を定めた法律

・**環境アセスメント**(環境影響《えいきょう》評価)…大規模な開発を行う場合に，事前に環境への影響を調査

③科学技術の発展と人権／④自己決定権

・科学技術の発展→生命と人権との間に難しい課題…遺伝子技術→クローン技術，遺伝子診断《しんだん》

・**自己決定権**…人間が，自分の生き方や生活の仕方について自由に決定する権利→医療《いりょう》ではインフォームド・コンセントが求められる

・尊厳死・安楽死…自己決定権として主張されている→生命の軽視につながるとして反対する意見もある

2 新しい人権②―情報化の進展と人権

①知る権利

・**知る権利**：国民が主権者として，情報を手に入れる権利

超重要　新しい人権：環境権，自己決定権，知る権利，プライバシーの権利

でる! ❶新しい人権には何があるかを覚えておこう。❷環境権の内容をつかんでおこう。❸「世界人権宣言」は，用語と内容の両方がよく出るよ。❹NGOの活動内容は重要だよ。

・情報公開制度：人々の請求《せいきゅう》に応じて，国や地方が情報の開示を行う制度
・マスメディア…取材などによって情報を収集し，表現の自由に基《もと》づいて広く報道することで，国民の知る権利を支えている

②プライバシーの権利／③インターネットと人権

・プライバシーの権利：私生活に関する情報を公開されない権利
　・肖像《しょうぞう》権：顔などを勝手《かって》に撮影《さつえい》，公表されない権利
・個人情報保護制度：個人情報を厳重に管理することを義務付けた制度
・インターネットによるプライバシーの権利や知的財産権の侵害《しんがい》が発生

3 グローバル社会と人権

①発展途上国の社会的弱者

・人権の保障が特に重要…貧困が理由で学校に通えない子ども，性別による偏見《へんけん》から学校に通うことが許されない女性が多くいる→性別を問わず，全ての子どもたちが教育を受けられる権利を保障

②人権保障の国際的な広がり

・国際連合が国際的な人権保障の中心
　・1948年に世界人権宣言…世界各国の人権保障の模範《もはん》
　・1966年に国際人権規約…世界人権宣言の条約化で，締約《ていやく》国に人権の保障を義務付けている
　・人種差別をなくす目的の人種差別撤廃《てっぱい》条約や女子差別撤廃条約，障害者権利条約など
・2007年に，国連で「先住民族の権利に関する国連宣言」が採択《さいたく》
・国連人権理事会…加盟国の人権保障状況を調査→問題がある場合には改善を勧告《かんこく》

③グローバル社会における人権保障

・NGO（非政府組織）：国境をこえて活動する非営利の民間組織

もっと公民 先住民族としてのアイヌ民族 教科書 p.72〜73

①日本の「先住民族」

・先住民族…ある地域に古くから暮らす民族でありながら，その地域に後から移住してきた人々によって，社会的に支配される地位に置かれた人々→日本ではアイヌ民族が先住民族

・近年では，先住民族の権利を保障しようとする国際的な動きが活発

②明治時代からの同化政策

・アイヌ民族の歴史…北海道《ほっかいどう》や樺太《からふと》(サハリン)，千島《ちしま》列島などに暮らしていた→明治時代に屯田兵《とんでんへい》として移住してきた和人《わじん》に支配される

・アイヌ民族の土地利用…土地を共同で利用することが多かった＝所有者を明確に決めていない→北海道に近代的な土地所有制度が導入されたため，多くの土地がうばわれた

・北海道旧土人《きゅうどじん》保護法…1899(明治32)年施行→アイヌ民族に農耕用の土地をあたえ，医療《いりょう》費補助などをする政策→これらの政策は日本人への同化政策が中心→学校教育もアイヌ語ではなく，日本語修得が優先された

③先住民族としての権利を求めて

・北海道アイヌ協会…第二次世界大戦後に再結成→アイヌ民族の社会的な地位の向上や，民族独自の文化の保存，発展を目指す

・世界にアイヌ民族を発信…1992(平成4)年，国際連合の「国際先住民年」の開幕式典で，北海道アイヌ協会の理事長(当時)が記念演説→民族の尊厳と権利が保護される社会創りを訴《うった》えた

・アイヌ文化振興法…1997年制定→2019年にアイヌ民族支援《しえん》法にかわり，アイヌ民族が先住民族であると法的に位置付けられた

④国際的な関心の高まり

・今後の課題…先住民族の問題は国際的な問題

・日本も国際的な先住民族の権利の保障の動きに同調しながら，アイヌ民族の先住民族としての権利を尊重し，人権の保障を実現していくことが求められている

もっと公民　だれもが暮らしやすい共生社会に　（教科書）p.74

①障がいのある人の働く機会の保障

・社会の平等な一員…障がいのある人も，できるだけ希望する仕事に就《つ》くことが望まれている→国は**障害者雇用促進法《こようそくしんほう》**を制定し，企業《きぎょう》などに対して，障がいのある人の雇用を増やし，働くための職場での支障をできるだけ少なくするように要求

・安定的な雇用のために…ある企業では精神的な障がいをよく理解している専門家をふくめた「職場定着推進室」を設置し，さまざまな課題の解決にあたる→業務を細かく分け，やることを明確にするなど，障がいのある人の不安を減らしている→障がいのある人たちの得意なところを生かし，補い合ってチームで仕事をしている

②性の多様性の尊重のために

・多様な性の意識を持つ人々…身体的な性別と自分が意識する性別とが異なる人々→社会の中で自分らしく生きるための取り組みが必要

・不利益を受ける現実…こうした人々は日常生活の中で，制限を受ける→同性愛の意識を持つ人たちどうしでの宿泊《しゅくはく》を拒否《きょひ》するホテルなど→国はこのような事例が違法だと明確に示している

・性の意識による差別をなくす…ある商業施設では，さまざまな体型に合う幅広いサイズのくつを用意，このような人々の生活を豊かにしている→公共施設などでは，男女別のトイレに加えて，性別に限らずだれもが利用できるトイレを設置→さまざまな場面で，性の意識による差別をなくし，ちがいを認め合うことが求められている

関連用語

障害者雇用促進法　1960年に「身体障害者雇用促進法」が制定。1987年に名称が「障害者の雇用の促進等に関する法律」となり，障害者雇用促進法が通称《つうしょう》となる。障がいのある人の職業の安定を目的としている。

LGBT　Lesbian（女性同性愛者），Gay（男性同性愛者），Bisexual（両性愛者），Transgender（出生《しゅっしょう》時の性と自認《じにん》する性とが異なる人）の表記の頭文字をとったよび方。

要点チェック

□近年，主張されるようになった日本国憲法に直接的に規定されていない人権を何というか。	新しい人権
□住みやすい環境《かんきょう》を求める権利は何か。	環境権
□住居への日当たりの確保を求める権利は何か。	日照権
□地球環境問題への関心の高まりや生活・都市公害の広がりを受けて，公害対策基本法を発展的に解消して制定された法律は何か。	環境基本法
□大規模な開発事業を行う場合に，事前に環境への影《えい》響《きょう》を調査することが義務付けられている制度は何か。	環境アセスメント（環境影響評価）
□ある生物の遺伝子から全く同じ生物を作る技術とは何か。	クローン技術
□遺伝子が原因の病気にかかる可能性などが分かる遺伝子診断《しんだん》は，遺伝子の状況《じょうきょう》による何につながる心配があるのか。	差別
□人間が，自分の生き方や生活の仕方について自由に決定する権利は何か。	自己決定権
□医療《いりょう》の分野で，患者《かんじゃ》が治療《ちりょう》方法などを自分で決定できるように，手術の方法などを十分に説明して同意を得ることを何というか。	インフォームド・コンセント
□国民が主権者として政治に関する判断をするために必要な，さまざまな情報を手に入れる権利は何か。	知る権利
□人々の請求《せいきゅう》に応じて，国や地方の役所が保有する情報を開示する制度は何か。	情報公開制度
□不特定多数の人々に情報を伝達する手段になる，書《しょ》籍《せき》，新聞，雑誌，映画，ラジオ，テレビなどを何というか。	マスメディア

□国民の知る権利は，新聞やテレビなどのマスメディアが情報を収集し，報道することによって支えられている。こうした活動が基《もと》づいている自由権は何か。	表現の自由
□私生活に関する情報をマスメディアなどの報道に公開されない権利は何か。	プライバシーの権利
□顔などを勝手に撮影《さつえい》されたり，その写真や映像を公表されたりしない権利は何か。	肖像《しょうぞう》権
□国や地方，民間の情報管理者に，個人情報を厳重に管理することを義務付けた制度は何か。	個人情報保護制度
□文章や写真，映像，音楽などの著作物に関する著作権や，商標，特許，意匠《いしょう》(デザイン)などに関する権利は何とよばれるか。	知的財産権
□1948年に国際連合(国連)総会で採択《さいたく》された，人類普《ふ》遍《へん》の価値として人権を認めた宣言は何か。	世界人権宣言
□1966年に国連総会で採択された，法的拘束《こうそく》力を持たない世界人権宣言を条約化し，締約《ていやく》国に人権の保障を義務付けたものは何か。	国際人権規約
□人種や皮膚《ひふ》の色，民族のちがいによる差別をなくすために必要な措置《そち》を採ることを，締約国に義務付けた，1965年に国連総会で採択された条約は何か。	人種差別撤廃《てっぱい》条約
□日本では何という条約を批准《ひじゅん》するために，新たに男女雇用《こよう》機会均等法の制定や，男女平等教育の推進などが行われたか。	女子差別撤廃条約
□カナダなどに住むイヌイットや，オーストラリアのアボリジニなどの，先住民族の権利を保障することを定めた，2007年に国連で採択された宣言は何か	先住民族の権利に関する国連宣言
□利益目的ではなく，社会貢献《こうけん》のために活動する民間団体を何とよぶか。	NGO(非政府組織)

得点アップ ◉定期テスト対策問題①◉

1 人権の歴史について，次の問いに答えなさい。

(1) 次の①～③の人権思想家の著作物とその主張に当てはまるものを，あとの**ア**～**ウ**から選び，記号で答えなさい。

①モンテスキュー　②ルソー　③ロック

ア 「統治二論」で，抵抗《ていこう》権を唱えたイギリスの思想家。

イ 「法の精神」で，三権分立を唱えたフランスの思想家。

ウ 「社会契約《けいやく》論」で，人民主権を唱えたフランスの思想家。

①(イ)　②(ウ)　③(ア)

(2) 右の**A**～**D**の資料に当てはまるものを，次の**ア**～**エ**から選び，記号で答えなさい。

ア アメリカ独立宣言

イ 権利章典

ウ フランス人権宣言

エ マグナ・カルタ

A(エ)　B(イ)

C(ア)　D(ウ)

> **A** いかなる自由民も，正当な裁判または国の法律によらなければ，逮捕《たいほ》や監禁《かんきん》をされたり，……
>
> **B** 第1条　議会の同意なしに，国王の権限によって法律とその効力を停止することは違法《いほう》である。
>
> **C** 我々は以下のことを自明の真理であると信じる。人間はみな平等に創られ，ゆずりわたすことのできない権利を……
>
> **D** 第1条　人は生まれながらに，自由で平等な権利を持つ。……

(3) 近代の人権宣言などで保障されたのは，表現の自由や信教の自由などの権利である。これらの権利を何というか答えなさい。(自由権)

(4) 1919年，ドイツで制定され，「人間に値《あたい》する生存」などの社会権を保障した憲法を何というか答えなさい。また，下線部は社会権のうち，何を保障した権利なのか答えなさい。

憲法(ワイマール憲法)　権利(生存権)

(5) 日本で最初の憲法である大日本帝国《ていこく》憲法では，主権者はだれと定められていたか答えなさい。(天皇)

❷ 憲法とその基本原理について，次の問いに答えなさい。

⑴　憲法は，法の支配に基《もと》づき，憲法によって政治権力を制限して人権を保障するという考えに立っている。この考えを何主義というか答えなさい。（　立憲主義　）

⑵　右の図について，次の問いに答えなさい。

①　図中の**A**～**C**に当てはまるものを，次の**ア**～**ウ**から選び，記号で答えなさい。

ア　憲法　　　**イ**　条例など

ウ　法律

A（　ア　）　B（　ウ　）　C（　イ　）

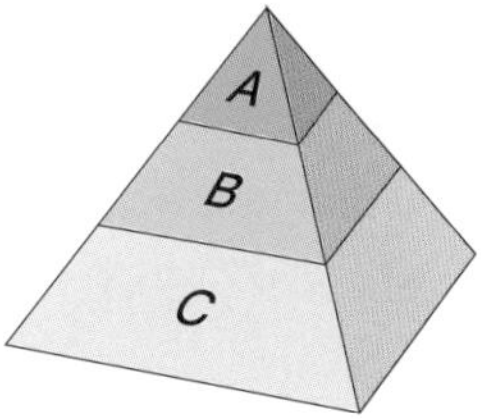

⬆法の構成

②　上位の法ほど強い効力を持つので，下位の法が上位の法に反したとき，下位の法はどうなるか答えなさい。（　無効となる　）

⑶　日本で1946年11月３日に公布され，1947年５月３日に施行《しこう》された憲法の正式名を答えなさい。（　日本国憲法　）

⑷　⑶の憲法の三つの基本原理のうち，主権を持つ者（主権者）は国民であるという原理を何というか答えなさい。（　国民主権　）

⑸　⑶の憲法の三つの基本原理のうち，戦争を放棄《ほうき》して世界の恒久《こうきゅう》平和のために努力するという原理を何というか答えなさい。（　平和主義　）

⑹　⑶の憲法の三つの基本原理で，一人一人の個性を尊重し，かけがえのない人間としてあつかうという原理を何というか答えなさい。

（　基本的人権の尊重　）

⑺　⑶の憲法では，天皇の地位をどのように規定しているか答えなさい。

（　日本国と日本国民統合の象徴《しょうちょう》　）

⑻　日本は，アメリカとの間で日本防衛のためのある条約を結んでいる。この条約の中では，アメリカ軍が日本の領域内に駐留《ちゅうりゅう》することも認めている。この条約名を答えなさい。（　日米安全保障条約（日米安保《あんぽ》条約）　）

⑼　日本は，核兵器《かくへいき》を「持たず，作らず，持ちこませず」という原則をかかげている。この原則を何というか答えなさい。（　非核《ひかく》三原則　）

得点アップ ◉定期テスト対策問題②◉

❶ 人権と共生社会について，次の問いに答えなさい。

(1) 人権の保障は，一人一人の個性を尊重し，かけがえのない個人としてあつかうという考え方に基《もと》づいている。この考え方を何というか答えなさい。

（　個人の尊重　）

(2) 子どもにも人権が保障されることを確認《かくにん》し，生きる権利や守られる権利，意見を表明する権利などを定めている条約名を答えなさい。

（ 子ども(児童)の権利条約 ）

(3) 次の文を読み，後の問いに答えなさい。

$_A$<u>全ての人は平等な存在であり，平等なあつかいを受ける権利</u>を持っている。しかしその一方で，世の中には，$_B$<u>部落差別(同和問題)</u>，$_C$<u>アイヌ民族への差別</u>，$_D$<u>女性への差別</u>などさまざまな差別がある。これらの差別をなくしていくことが私たちの課題である。

① 下線部Aの権利を何というか答えなさい。　（　平等権　）

② 下線部Bに関して，この差別(同和問題)の撤廃《てっぱい》が国の責務であり，国民の課題であると宣言した答申《とうしん》名を答えなさい。

（ 同和対策審議《しんぎ》会(の)答申 ）

③ 下線部Cに関して，アイヌ民族が先住民族として法的に位置づけられた法律名を答えなさい。

（ アイヌ民族支援《しえん》法 ）

④ 下線部Dに関して，右のグラフ中のア～エは，アメリカ，スウェーデン，ドイツ，日本のいずれかの国を表している。日本に当てはまるものをア～エから選び，記号で答えなさい。

（　ア　）

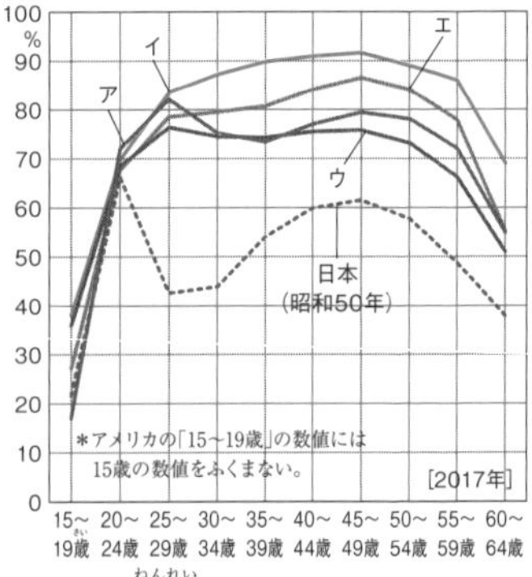

⬆女性の年齢《ねんれい》別の働いている割合

（総務省資料ほか）

⑷　職業選択《せんたく》の自由や財産権などは，三つに分けた自由権のうちどれにあてはまるか，その名称《めいしょう》を答えなさい。　（ **経済活動の自由** ）

⑸　社会権のうちで，憲法第25条①で「健康で文化的な最低限度の生活を営む権利」と規定されている権利名を答えなさい。　（ **生存権** ）

⑹　右のA，Bのイラストは，国民の義務を表したものである。このA，Bのイラストの義務に当てはまるものを，次の**ア**～**ウ**から選び，記号で答えなさい。

ア　勤労の義務　　**イ**　納税の義務

ウ　普通《ふつう》教育を受けさせる義務

A（ ウ ）　B（ ア ）

2 これからの人権保障について，次の問いに答えなさい。

⑴　次の①～④の文は新しい人権について述べたものである。①～④の文に当てはまる権利を，あとの**ア**～**エ**から選び，記号で答えなさい。

①　良好な環境《かんきょう》を求める権利。

②　国民が主権者として，情報を手に入れる権利。

③　個人の私生活に関する情報を公開されない権利。

④　個人が自分の生き方や生活の仕方について自由に決定する権利。

ア　環境権　　**イ**　自己決定権

ウ　知る権利　　**エ**　プライバシーの権利

①（ ア ）　②（ ウ ）　③（ エ ）　④（ イ ）

⑵　国際的な人権の保障の中心的な組織となっているのはどこか。その組織名を答えなさい。　（ **国際連合（国連）** ）

⑶　1948年に，人種や宗教などのちがいをこえて，人類普遍《ふへん》の価値として人権を認めた宣言が⑵の総会で採択《さいたく》された。この宣言名を答えなさい。

（ **世界人権宣言** ）

1 現代の民主政治

教科書　p.78〜p.87

要点整理

1 政治と民主主義

①政治とは

・政治：人々の間に生まれる対立を，みんなに関わる公共の課題として考え，調整して社会を成り立たせていくこと

　・一般《いっぱん》には，国や地方公共団体（都道府県や市区町村）の運営を指す

②民主主義とは

・権力：決まったことにみんなを従わせる力

・国民主権：主権者は国民であるという考え

・民主主義（民主政治）：国民主権の考えの下《もと》で，国民または国民によって選ばれた代表者が権力を行使し，国民全体のために政治を行うこと→みんなが話し合いに参加でき，意見を自由に述べることが，平等に認められていること（自由権や平等権などの基本的人権の尊重）が欠かせない

③多数決と少数意見の尊重

・直接民主制：人々が直接話し合いに参加するやり方

・間接民主制（議会制民主主義ともいう）：選挙で選んだ代表者が集まって議会を作り，物事を話し合って決めるというやり方

・多数決の原理：意見がまとまらないときは，多数の意見を採用すること

・少数意見の尊重：異なる意見の人も多数の意見に従うことになるため，結論を出す前に少数の意見も十分に聞いて，できるだけ尊重すること

2 選挙の意義と仕組み

①政治参加としての選挙

・民主主義を効果があるものにするためには，一人一人の積極的な政治参

超重要　選挙の４原則：普通《ふつう》選挙，平等選挙，直接選挙，秘密選挙

でる!

❶民主主義の意味を覚えておこう。❷日本の選挙制度の特徴《とくちょう》と問題点をつかんでおこう。❸「政党」,「政権公約」はよく出るよ。❹「世論《せろん》《よろん》」と「メディアリテラシー」は重要だよ。

加が必要

・政治参加の仕方…重要なのが選挙＝国会議員や，地方公共団体の首長《しゅちょう》と議員を選ぶ

・日本での選挙の方法…公職選挙法で定められている

②選挙の基本原則

・普通選挙…満18歳《さい》以上の全ての国民に選挙権

・選挙の４原則：普通選挙，一人一票の平等選挙，代表を直接選ぶ直接選挙，他人に投票の内容を知られないように無記名で投票する秘密選挙

③日本の選挙制度

・選挙制度(→代表者を選ぶ仕組み)の種類

　・小選挙区制…一つの選挙区で一人の代表を選ぶ

　・大選挙区制…二人以上の代表を選ぶ

　・比例代表制…得票に応じてそれぞれの政党の議席数を決める

・衆議院議員の選挙(総選挙)…小選挙区制と，比例代表制とを組み合わせた選挙＝小選挙区比例代表並立制

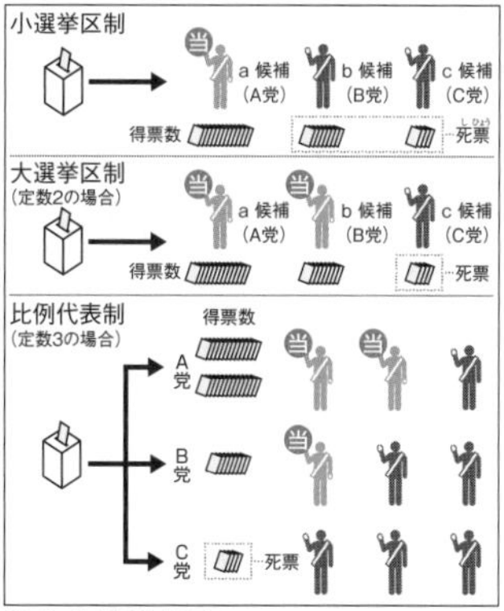

⇧主な選挙制度

・参議院議員選挙…一つまたは二つの都道府県を単位とした選挙区制と，全国を一つの単位とした比例代表制→３年ごとに定数の半分ずつを選挙

3 政党の役割

①政党の働き

・政党：政治によって実現しようとする内容(政策)について，同じ考えを持つ人々が作る団体

②政党政治

・**政党政治**：議員の多くが政党に所属し，いくつかの政党が議席を争いながら政治を運営していること

　・二党制(二大政党制)…二つの政党が議席のほとんどをしめる

　・多党制…三つ以上の主要な政党がある

・内閣…首相《しゅしょう》がいる国の多くは，議会の選挙で最も多くの議席を得た政党の党首が首相になり，内閣を作る

　・**与党**《よとう》：内閣を作って政権を担当する政党／**野党**：それ以外の政党

・**連立政権**(連立内閣)：一つの政党だけで議席が過半数に達しないときに，内閣がいくつかの政党で作られる政権

③日本の政党政治

・1955年以来，自由民主党(自民党)が長い間単独で政権を担当→現在は，自民党と公明党の連立政権(2020年12月)

・**政権公約**：総選挙のとき，各政党が，政治で実現したい理念や，政権を担当したときに実施《じっし》する予定の政策などを記し，発表したもの

4 マスメディアと世論《せろん》《よろん》

①世論とマスメディア

・**世論**：社会のさまざまな問題について，多くの人々によって共有されている意見

・新聞やテレビなどのマスメディア…人々は，マスメディアを通して，政府や政党の活動や，それに対して出されたさまざまな意見を知ることができる

・人々が正確な情報を基《もと》にして，幅広《はばひろ》い意見を知り，自分の考えをまとめられるようにするためには，報道(表現)の自由が尊重されなければならない

②メディアリテラシー

・マスメディアは世論を形作る力を持っている

超重要 内閣を組織し政権をになうのが与党，それ以外の政党が野党

・メディアリテラシー：マスメディアの報道やインターネットの情報をそのまま信じるのではなく，さまざまな角度から批判的に読み取る力

③公正な世論を形成するために

・一つの考えをそのまま信じるのではなく，異なる意見も聞き，十分な議論（熟議）をしたうえで公正に判断する必要がある

・熟議：政治家以外の一般《いっぱん》の人々が，多様な意見を出し合いながら，社会における共通の事柄《ことがら》について話し合うこと。合意を形成し，それを法や政策として実現させようという考え

5 選挙の課題と私たちの政治参加

①棄権《きけん》の増加

・民主主義を効果的に行うためには，一人一人の政治参加が重要

・棄権：選挙権を持つ有権者が投票に行かないこと→増加→投票率の低下→一部の人たちによって政治の重要な事柄《ことがら》が決められる

・投票率を高める…期日前投票の制度を整えるなど

②一票の格差

・一票の格差：一人の議員が当選するために多くの得票が必要な選挙区と，少ない得票でも当選できる選挙区があることによる格差

　・最高裁判所は，日本国憲法に定める「法の下《もと》の平等」などに反しているという判決を出すことがある

③私たちの政治参加

・国や地方公共団体に意見を伝えることも政治参加

・立場や利益が同じ人々の集まりである利益団体（圧力団体）に加わること

・身近な地域でまちづくりや住民運動などに加わること

・選挙に立候補して政治家として活動→被《ひ》選挙権も，選挙権と同じように，一定の年齢《ねんれい》以上の全ての国民に認められている

・情報公開制度を利用して，国や地方公共団体の仕事の仕方を調べたり，監視《かんし》したりする

・インターネットを使った，新しい政治参加の方法も広がっている

要点チェック

□人々の間に生まれる対立を，みんなに関わる公共の課題として考え，調整して社会を成り立たせていくことを何というか。	政治
□日本国憲法の基本原理の一つである，国民が政治の在り方を最終的に決めることができる主権者であるという原理は何か。	国民主権
□みんなが話し合いに参加でき，意見を自由に述べることができる政治の仕方を何というか。	民主主義
□民主主義が基本としている一人一人の個性を尊重し，かけがえのない個人としてあつかうという考え方は何か。	個人の尊重
□民主主義の政治において，人々が直接話し合いに参加するやり方は何か。	直接民主制
□民主主義の政治において，選挙で選んだ代表者が集まって議会を作り，物事を話し合って決めるというやり方は何か。	間接民主制（議会制民主主義）
□話し合っても意見がまとまらないとき，最後は多数の意見を採用するという考え方は何か。	多数決の原理
□一定の年齢《ねんれい》以上の全ての国民が選挙権を持っている選挙は何か。	普通《ふつう》選挙
□一人一票を原則とする選挙は何か。	平等選挙
□代表を直接選ぶ選挙は何か。	直接選挙
□投票内容を他人に知られないように無記名で投票する選挙は何か。	秘密選挙
□一つの選挙区で一人の代表を選ぶ選挙制度は何か。	小選挙区制
□得票に応じてそれぞれの政党の議席数を決める選挙制度は何か。	比例代表制

□衆議院議員の選挙で採られている小選挙区制と比例代表制を組み合わせた選挙制度は何か。	小選挙区比例代表並立制
□政治によって実現しようとする内容(政策)について，同じ考えを持つ人々が作る団体は何か。	政党
□国の政治において，内閣を作って政権を担当する政党を何というか。	与党《よとう》
□政権の外にある政党を何というか。	野党
□一つの政党だけで議席が過半数に達しないときに，内閣がいくつかの政党で作られる政権を何というか。	連立政権(連立内閣)
□1955年から1990年代初めまで，長い間単独で政権を担当してきた政党は何か。	自由民主党(自民党)
□総選挙のとき，各政党が，政治で実現したい理念や，政権を担当したときに実施《じっし》する予定の政策などを記し，発表したものを何というか。	政権公約
□多くの人々によって共有されている意見のことを何というか。	世論《せろん》《よろん》
□マスメディアの報道やインターネットの情報をそのまま信じるのではなく，さまざまな角度から批判的に読み取る力を何というか。	メディアリテラシー
□選挙権を持つ有権者が投票に行かないことを何というか。	棄権《きけん》
□一人の議員が当選するために多くの得票が必要な選挙区と，少ない得票でも当選できる選挙区があることによる格差を何というか。	一票の格差
□立場や得る利益が同じ人々の集まりである団体を何というか。	利益団体(圧力団体)
□選挙権と同じように，一定の年齢以上の全ての国民に認められている選挙に立候補する権利は何か。	被《ひ》選挙権

2 国の政治の仕組み

教科書　p.90〜p.109

要点整理

1 国会の地位と仕組み

①国会の地位

・日本の政治…立法権は国会，行政権は内閣，司法権は裁判所

・国会…主権を持つ国民が直接選んだ議員で組織

　・国権の最高機関…国の政治で重要な地位

　・唯一《ゆいいつ》の立法機関…国会以外のどの機関も法律を定めることはできない

②国会議員の地位

・国会議員…18歳《さい》以上の全ての国民が投票できる選挙で選ばれる

・国会議員の活動…自分の選挙区や自分を応援《おうえん》している人々の意見だけでなくさまざまな人々の意見を公正に聞き入れ，国民全体のために活動する

・国会議員の権利…国から給料（歳費《さいひ》），国会が開かれている間は原則として逮捕《たいほ》されない不逮捕特権，国会で行った演説や採決などについて法的な責任を問われない免責《めんせき》特権を持つ

③二院制／④国会の種類

・二院制（両院制）…衆議院と参議院で構成

・国会の議決…衆議院と参議院の決定（議決）が一致《いっち》すると国会の議決

・二院制の特徴…定数や任期，選挙制度が異なる議院→国民の意見がより広

	衆議院	参議院
議員定数	465人	245人
任期	4年（解散がある）	6年（3年ごとに半数を改選）
選挙権	18歳以上	18歳以上
被《ひ》選挙権	25歳以上	30歳以上
選挙区	小選挙区　289人 比例代表　176人	選挙区　147人 比例代表　98人

↑衆議院と参議院の比較《ひかく》（2019年）　※法改正により，参議院の定数は2022年7月26日以降は248人（選挙区 148人，比例代表 100人）に増える予定です。

超重要 国会は，国権の最高機関で，唯一の立法機関

でる!

❶国会の仕事と衆議院の優越の内容は覚えておこう。❷「議院内閣制」，「三審《さんしん》制」はよく出るよ。❸民事裁判と刑事《けいじ》裁判のちがいをつかんでおこう。❹三権分立（権力分立）は重要だよ。

く国会に届く→慎重《しんちょう》な審議《しんぎ》で一方の議院の行きすぎを防ぐこともできる

・常会（通常国会）…毎年１月中に召集《しょうしゅう》
・臨時《りんじ》会（臨時国会）…必要に応じて召集
・特別会（特別国会）…衆議院議員の総選挙が行われた後に召集
・参議院の緊急集会…衆議院が解散されている間に緊急《きんきゅう》の事態が起こったときに開かれる

2 法律や予算ができるまで

①法律・予算とは／②委員会と本会議

・国会の主な仕事は，法律の制定（立法）と予算の審議・議決
・法律…法の中で，憲法の次に強い効力→民法，刑法《けいほう》など約2000ある
・予算…国や地方公共団体は，毎年，どの程度の収入があり，それをどのように使うかという計画を立てる
・法律案は内閣か国会議員が作成し，国会に提出。予算は内閣が作成。
・委員会…法律案や予算をくわしく審査
・本会議…議員全員から成る会議→出席議員の過半数の賛成で可決

③衆議院の優越《ゆうえつ》

・両院協議会…両議院での議決が異なるとき，予算，条約，内閣総理大臣の指名については必ず開く。そのほかは必要に応じて開く
・衆議院の優越…任期が短く解散もあり，国民の意見とより強く結び付く
・優越の例…予算の先議と議決，条約の承認，内閣総理大臣の指名，法律案の議決，内閣不信任の決議

3 行政を監視する国会

①内閣総理大臣の指名／②条約の承認《しょうにん》

・行政：法律や予算に基《もと》づいて政策を実行すること→行政権は内閣

・国会の役割…内閣の首長《しゅちょう》である内閣総理大臣（首相《しゅしょう》）を選んだり，行政の活動を監視《かんし》したりする

・内閣総理大臣…国会で国会議員の中から指名→国務大臣を任命して内閣を作る

・条約：国どうしや，国と国際機関との間で結ばれた，文書による取り決め

・**条約の承認**…内閣が条約を結び，国会の承認を受ける→衆議院の優越《ゆうえつ》

③国政調査権／④その他の国会の仕事

・**国政調査権**：衆議院と参議院が持っている，法律案や予算の審議《しんぎ》，行政の監視などの役割を果たすために，国の政治について調査する権限

・**憲法改正の発議**…衆議院と参議院それぞれの総議員の３分の２以上の賛成で国会に発議→国民投票にかける

・裁判官弾劾《だんがい》裁判所の設置…務めを果たさなかったり，ふさわしくない行いをしたりした裁判官を辞《や》めさせるかどうかを判断する裁判所

4 行政の仕組みと内閣

①行政の役割と仕組み／②内閣の仕事と組織

・**行政**…国の行政と地方行政→国の行政は**内閣総理大臣（首相）**を中心に，内閣官房《かんぼう》や外務省，財務省，文部科学省などの行政機関が分担して行う

・**内閣**…行政機関の仕事を指揮監督《かんとく》する→法律で定められた物事を実施《じっし》，法律案や予算を作って国会に提出，条約を結ぶなど

・内閣の組織…**内閣総理大臣**とその他の**国務大臣**で組織→国務大臣は内閣総理大臣が任命（過半数は必ず国会議員）→外務大臣や財務大臣のように，各省の長→内閣は閣議を開いて，行政の仕事に関する物事を決める

③議院内閣制

・立法と行政との関係…議院内閣制と大統領制

　・大統領制…国民は立法を行う議会の議員と行政の首長である大統領を別々に選ぶ→アメリカ

超重要　内閣不信任決議の可決→衆議院の解散か内閣の総辞職

- 議院内閣制…国民は議会の議員を選び，その議会が行政の中心となる首相を選ぶ

・日本は議院内閣制…内閣は，国権の最高機関である国会が選んだ首相を中心に組織され，国会に対して連帯責任→衆議院の総選挙で内閣は総辞職→選挙結果をふまえて内閣総理大臣が国会によって指名される

・内閣不信任の決議…衆議院が行う決議→内閣不信任決議が可決されたとき，内閣は10日以内に衆議院の解散を行うか，総辞職する

5 行政の役割と行政改革

①行政を担当する公務員と財政／②行政権の拡大

・公務員…国家公務員と地方公務員→公務員は「全体の奉仕《ほうし》者」

・財政：政府が税金などの収入を得て，それを支出する経済活動のこと

・小さな政府：政府の役割を安全保障や治安の維持《いじ》などの最小限にとどめようという考え方で，19世紀半ばまでの一般《いっぱん》的な考え

・大きな政府：政府は人々の暮らしを安定させるため，社会保障や教育，雇用《こよう》の確保など，さまざまな役割をになうべきという現代の考え方

・政府の役割が広がる→行政機関が行う仕事増

③行政改革

・行政改革…無駄《むだ》がない効率的な行政を目指す

・企業《きぎょう》などに出す許認可《きょにんか》権を見直して，自由な経済活動をうながす規制緩《かん》和《わ》，効果の上がらない政策の見直しなど

6 裁判所の仕組みと働き

①法に基づく裁判

・法：社会の中で多くの人々がともに暮らしていくために必要な社会の決まり→憲法，法律，条例など

・司法(裁判)…法を基準として社会で生まれる争いや事件を解決することで，私たちの権利を守るとともに，社会の秩序《ちつじょ》を保つ役割

・裁判所…法に従って，争いに決着をつけたり，犯罪を起こした疑いのある人が有罪か無罪かを判断したりする裁判の仕事をする

②裁判所の種類／③司法権の独立

・裁判所の種類：**最高裁判所**と**下級裁判所**(高等裁判所，地方裁判所，家庭裁判所，簡易裁判所の４種類)

・**三審制**《さんしんせい》…裁判を慎重《しんちょう》に行い，人権を守る仕組み，３回まで裁判が受けられる

　・**控訴**《こうそ》…第一審《だいいっしん》の判決が不服→第二審《だいにしん》の裁判所へ

　・**上告**…第二審の判決に不服→第三審の裁判所へ

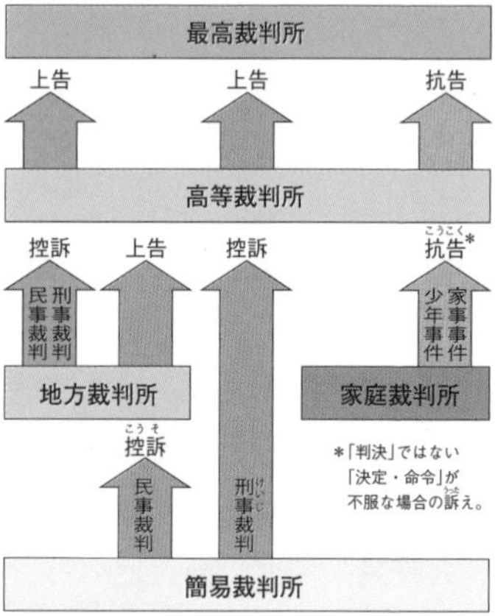

三審制の仕組み

・**裁判官**…当事者の主張を聞いたうえで判決を出し，争いを最終的に終わらせる

・**司法権の独立**：国会や内閣は裁判所に干渉《かんしょう》してはならず，裁判官は自分の良心に従い，憲法と法律だけにしばられるという原則

・裁判官は，心身の病気や国会議員による弾劾《だんがい》裁判，最高裁判所の裁判官に対する国民審査《しんさ》で決定された場合を除いて，辞《や》めさせられることはない

7 裁判の種類と人権

①民事裁判／②刑事《けいじ》裁判

・**民事裁判**…個人や企業《きぎょう》(私人)の間の争いについての裁判→国や地方公共団体を相手にした裁判は行政裁判とよばれる

・訴《うった》えた人が**原告**，訴えられた人が**被告**《ひこく》

・**刑事裁判**…犯罪について，有罪か無罪かを決める裁判

　・処罰《しょばつ》の内容は法律に定めておく→**罪刑**《ざいけい》**法定主義**

・事件の発生…警察官と**検察官**が捜査《そうさ》→**被疑者**《ひぎしゃ》を捜《さが》し，証拠《しょうこ》の収集→被疑者の逮捕《たいほ》・勾留《こうりゅう》→検察官は，被疑者を**被告人**《ひこくにん》として裁判所に**起訴**《きそ》→裁判官や裁判員は，有罪か無罪かを決め，有罪の場合は**刑罰**《けいばつ》を言いわたす

超重要 民事裁判：原告と被告，刑事裁判：検察官と被告人

③裁判と人権保障

・弁護士…原告や被告，被告人の手助けをする

・刑事裁判…警察官は，裁判官が出す**令状**がなければ，原則として逮捕や捜索《そうさく》はできない→拷問《ごうもん》の禁止→黙秘権《もくひけん》や，**弁護人**をたのむ権利の保障

・被告人…有罪の判決を受けるまでは無罪→公開された裁判を受ける権利

8 裁判員制度と司法制度改革

①司法制度改革／②裁判員制度

・**司法制度改革**…人々が裁判を利用しやすくするため

・日本司法支援《しえん》センター(法テラス)…だれもが司法に関するサービスを受けられるように設置された

・**裁判員制度**：国民が**裁判員**として刑事裁判に参加し，裁判官とともに被告人が有罪か無罪か，有罪の場合は刑罰の内容を決める制度

・裁判員が参加するのは，殺人などの重大な犯罪事件の第一審《だいいっしん》のみ

③取り調べの可視化と被害《ひがい》者参加制度

・取り調べの可視化…捜査が適正に行われたかを後から確かめるため

・被害者参加制度：被害者が被告人や証人に質問できる制度

9 三権の抑制《よくせい》と均衡《きんこう》

①三権分立

・三つの機関…立法権を持つ国会，行政権を持つ内閣，司法権を持つ裁判所

・**三権分立**…それぞれ独立した機関が担当→国民の自由や人権を守る

②三権の関係と国民

・三権がたがいに行きすぎを抑制《よくせい》し合い，均衡を保って，権力が一つに集中することを防ぐ。最高裁判所の裁判官に対しては**国民審査《しんさ》**がある

③違憲《いけん》審査制

・**違憲審査制**…国会が制定した法律や，内閣が作る命令，規則，処分が憲法に違反《いはん》していないかを，具体的な事件の裁判を通して審査

・**憲法の番人**…最高裁判所は，法律などが合憲か違憲かについての最終決定権を持つ

要点チェック

□主権を持つ国民が直接選んだ議員によって組織される国権の最高機関で，唯一《ゆいいつ》の立法機関は何か。	国会
□国会が採っている，衆議院と参議院の二つの議院で構成されている制度は何か。	二院制(両院制)
□毎年１回，１月中に召集《しょうしゅう》され，会期が150日間の国会は何か。	常会(通常国会)
□衆議院解散後の総選挙の日から30日以内に召集される国会は何か。	特別会(特別国会)
□国会が定める決まりで，法の中で，憲法の次に強い効力を持っているものは何か。	法律
□国や地方公共団体が，人々が納める税金などを収入として，どの程度の収入があり，それをどのように使うかという計画を立てることを何というか。	予算
□衆議院と参議院で議決が異なったとき，衆議院の議決を優先する仕組みは何か。	衆議院の優越《ゆうえつ》
□国会で議決した法律や予算に基《もと》づいて政策を実行することを何というか。	行政
□国会によって指名される内閣の首長《しゅちょう》で，首相《しゅしょう》ともよばれ，国務大臣を任命して内閣を作るのはだれか。	内閣総理大臣
□衆議院と参議院が持つ，国の政治について調査する権限は何か。	国政調査権
□行政機関の仕事を指揮監督《かんとく》する機関は何か。	内閣
□国会が選んだ首相を中心に内閣が組織され，国会に対して連帯して責任を負う仕組みは何か。	議院内閣制
□内閣が信用できず，行政を任せられないと考えるとき，衆議院が行う決議は何か。	内閣不信任の決議

□内閣不信任の決議が可決されても，内閣が10日以内に衆議院の解散をしない場合，何をしなければならないか。	総辞職
□行政の仕事を実行する職員を何というか。	公務員
□法を基準として，争いや事件を解決することを何というか。	司法(裁判)
□最高裁判所以外の４種類の裁判所をまとめて何というか。	下級裁判所
□一つの内容について，３回まで裁判を受けられる制度は何か。	三審制《さんしんせい》
□裁判所や裁判官が公正中立であるための原則は何か。	司法権の独立
□個人や企業《きぎょう》といった私人の間の争いについての裁判は何か。	民事裁判
□上の裁判で訴《うった》えた人は原告，訴えられた人は何か。	被告《ひこく》
□殺人などの犯罪について，有罪か無罪かを決める裁判は何か。	刑事《けいじ》裁判
□検察官によって裁判所に起訴《きそ》された被疑者《ひぎしゃ》のことを何というか。	被告人《ひこくにん》
□警察官が逮捕《たいほ》や捜索《そうさく》をするためには，原則として裁判官の出す何が必要か。	令状
□国民が刑事《けいじ》裁判に参加し，裁判官とともに被告人が有罪か無罪か，有罪の場合は刑罰《けいばつ》の内容を決める制度は何か。	裁判員制度
□国の権力を，立法権を持つ国会，行政権を持つ内閣，司法権を持つ裁判所の三つに分け，それぞれが独立して担当する仕組みは何か。	三権分立(権力分立)
□裁判所が，法律や国の行為が憲法に違反《いはん》していないかを，具体的な事件の裁判を通して審査《しんさ》する制度は何か。	違憲《いけん》審査制
□最高裁判所が，法律などが合憲か違憲かについての最終決定権を持つことを表すよび方は何か。	憲法の番人

3 地方自治と私たち

教科書　p.110〜p.126

要点整理

1 私たちの生活と地方自治

①地方自治とは

・住民自治：住民の意思に基《もと》づいて地域を運営すること→地域の課題を解決し，住民の幸福を実現するため

・地方公共団体（地方自治体）：地域を運営する主な場→都道府県，市町村，特別区など

・地方自治…地域は住民自身によって運営されるべきもの→そのために国から自立した地方公共団体を作るという原則が日本国憲法に明示

・地方自治法：地方公共団体の仕組みや運営の方法などについて定めている

・地方自治は，「民主主義の学校」とよばれている

②国と地方公共団体の役割

・都道府県，市町村や特別区…小・中学校の設置，ごみの収集など

・国…外交や防衛，司法など，国際社会での日本の立場に関する仕事など

③地方分権

・地方公共団体の現状…仕事を行う財源の多くは，国からの補助にたよる→国の下うけ→地方公共団体が行うべき仕事に，国が関わる

・地方分権一括《いっかつ》法…地方公共団体が自立した活動を行えるようにすることが目的

・地方分権：仕事や財源を国から地方公共団体に移すこと

2 地方自治の仕組み

①地方議会

・地方議会：地方公共団体の議会→都道府県議会，市（区）町村議会

超重要　地方自治は「民主主義の学校」

でる!

❶地方自治の原則について覚えておこう。❷地方議会と地方公共団体の長の関係をつかんでおこう。❸「直接請求《せいきゅう》権」についてはよく出るよ。❹地方財政の内容と問題点は重要だよ。

　・地方議会の議員（地方議員）は住民による直接選挙で選出

・仕事…地方公共団体の独自の法である**条例**の制定，地方公共団体の予算の議決など

②首長《しゅちょう》

・首長…地方公共団体の**首長**→都道府県知事と市（区）町村長は，住民が直接選挙で選ぶ

・**二元代表制**…住民が首長と地方議員の２種類の代表を直接選挙で選ぶ

・議会と首長もたがいに抑制《よくせい》し合い，均衡《きんこう》を保っている

　・首長…議会が議決した条例や予算を拒否《きょひ》して審議《しんぎ》のやり直しを求めたり，議会を解散したりすることができる

　・議会…首長の不信任の議決を行うことができる

③直接請求権

・**直接請求権**：住民による直接民主制の要素を取り入れた権利

　・リコール…首長・議員の解職請求や議会の解散請求など

	必要な署名	請求先
条例の制定・改廃《かいはい》の請求	（有権者の）$\frac{1}{50}$以上	首長
監査《かんさ》請求	$\frac{1}{50}$以上	監査委員
議会の解散請求	$\frac{1}{3}$以上*	選挙管理委員会
（取りあつかい）住民投票を行い，有効投票の過半数の同意があれば解散する。		
解職請求		
議員・首長	$\frac{1}{3}$以上*	選挙管理委員会
副知事・副市（区）町村長，各委員		首長
（取りあつかい）議会の議員・首長については，住民投票を行い，有効投票の過半数の同意があれば解職される。		

＊有権者数が40万人をこえる場合は，40万人の$\frac{1}{3}$に，40万人をこえる人数の$\frac{1}{6}$を足した数以上。有権者数が80万人をこえる場合は，40万人の$\frac{1}{3}$に，40万人の$\frac{1}{6}$と80万人をこえる人数の$\frac{1}{8}$を足した数以上。

⬆住民の直接請求権

3　地方公共団体の課題

①地方財政の仕組み

・**地方財政**：地方公共団体が収入を得て，それを支出す

る経済活動のこと
・地方公共団体の２種類の財源…各地方公共団体が独自に集める自主財源と，国などから支払《しはら》われる依《い》存《ぞん》財源
・自主財源…**地方税**など→地方公共団体が１年間に得るお金(**歳入《さいにゅう》**)のうち，地方税の割合は４割にとどまる。１年間に使うお金は**歳出《さいしゅつ》**という
・依存《いぞん》財源：自主財源だけでまかなえない分を補う財源

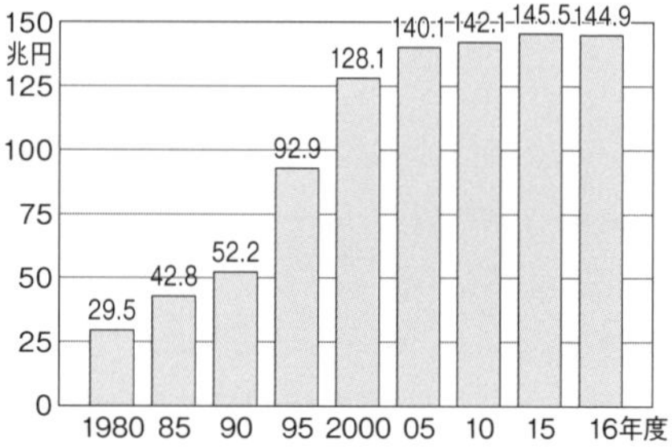

地方債の発行残高の推移
（「地方財政白書」平成30年版ほか）

・**地方交付税交付金**：地方公共団体の間の財政の格差をおさえるために国から配分されるもの
・**国庫支出金**：特定の仕事の費用の一部を国が負担するもの
・**地方債《ちほうさい》**：地方公共団体の借金

②地方財政の健全化

・地方債の発行…発行が増えすぎる→借金を返すために収入のほとんどを使う→住民の生活に必要な仕事ができなくなるおそれ
・財政の健全化…公務員を少なくする，事業を減らすなどの取り組み
・国の取り組み…自治体財政健全化法を定め，財政の状態が悪い地方公共団体に改善を求めるための仕組みを整えた

③人口減少と地方創生

・人口減少…少子化や地方から都市への人口移動で，急激な人口減少にともなう**過疎《かそ》**の問題が起こっている→地域の生活が不便になる
・働く世代の住民が減る…地方税の収入が減少→財政が悪化
・公共施設の維持ができなくなったり，地方議員になる人が少なくなる

超重要 地方公共団体の借金である地方債の発行残高が高い水準にある

・地方創生：地域での経済活動を支援《しえん》したり，都市の人々に地方への移住をすすめたり，近くの地方公共団体どうしが協力し合って生活しやすい地域づくりを進めたりすること

4 住民参加の拡大と私たち

①住民の声を生かす

・公共施設《しせつ》の建設や市町村合併《がっぺい》など，地域の重要な問題…**住民投票**で住民全体の意見を明らかにする動きがある

・地方公共団体の政策…計画や実施《じっし》の段階で，住民の意見を聞いたり，議論を求めたりする

・情報公開制度：住民が地方公共団体の仕事を監視《かんし》できるように，情報の公開を求める制度

②住民運動の広がり

・地域の公共の仕事は，地方公共団体だけの役割ではない。

・町内会…住民が加入しているので，地域の運営に大きな役割を果たす

・ボランティア…住民が自発的に，地域の活動に参加

・**NPO**（非営利組織）：自分たちの利益を目的にせず，公共の利益のために活動する団体→特定非営利活動促進《そくしん》法（NPO法）の制定（1998年）

③地域の課題と私たち

・地域の課題…商店街の活性化，子育てや介護《かいご》への対応，過疎地域では地域の活性化，大都市では保育所や介護施設の増設などの課題がある

・課題を解決し，持続可能な社会を創る…一人一人が主体的に考え，行動することが大切→中学生や高校生が参加する機会も増えている

関連用語

民主主義の学校　地域の政治を住民の手で実践《じっせん》することは，民主主義の根元を知ることであり，国の民主主義を実現することに通じているということを表した言葉。

条例　地方議会の議決により成立するその地方公共団体だけの法。

地方税　地方公共団体が集める**租税《そぜい》**で，地方公共団体の自主財源である。

地方債　地方公共団体が財政上の必要性から発行する**債券《さいけん》**で，地方公共団体の**借金**である。

もっと公民　東日本大震災からの復興と防災ー仙台市を例に考える　教科書　p.124～125

①仙台市の被害《ひがい》の状況《じょうきょう》

・マグニチュード9.0の巨大地震《きょだいじしん》…2011年３月11日に東北地方で発生した東北地方太平洋沖地震(東日本大震災)。震度《しんど》６強を観測した仙台市の宮《みや》城野《ぎの》区では地震発生から約１時間後に最初の津波《つなみ》が到達《とうたつ》。市内の死者・行方不明者は931人，負傷者は2275人(2018年３月現在)。家屋は約３万棟《むね》が全壊《ぜんかい》，多くの人々が避難所《ひなんじょ》での生活を強《し》いられた

②仙台市の復興計画

・市民の力を結集した復興を目指す…2011年11月に仙台市は,「震災復興計画」を定め,「新次元の防災・環境《かんきょう》都市」を目指した

・減災のために…津波の被害が大きかった東部地域では，県道を周囲の土地より高くして，堤防《ていぼう》機能を持たせた。家屋の移転を進める地域もあった。災害発生時に被害をできるだけ減らす「減災」のために，より強い地域を作る,「より良い復興」の考え方を取り入れた

③仙台市の防災対策

・新しい防災計画…仙台市は2018年に「地域防災計画」の地震・津波災害対策の部分を改正。新しい計画では，自助，共助，公助を災害対策の基本理念にした→公助には限界があり，行政と市民や地域社会とが，ともに災害に備えていくことが必要なため

・地域の防災計画…仙台市は，各家庭で，食料品や水を１週間分以上備蓄《びちく》することをすすめている。町内会などと連携《れんけい》し，地域防災リーダーを養成，地域版の避難所運営マニュアルの作成を支援《しえん》することで，日常的な防災対策をよびかける

④復興を支え合うつながり

・被災地の復興には，日本だけでなく，世界中からも支援が寄せられた。大地震を経験した神戸《こうべ》市や新潟市などは，職員を仙台市に派遣《はけん》。仙台市も，地震や豪雨《ごうう》があった地域に職員を派遣，支援を行っている。

もっと公民　空き家・廃校は新たな資源　教科書 p.126

①全国で増える空き家や廃校《はいこう》

・空き家や廃校の増加…人口減少や新しい住宅が次々と建設されている→家の持ち主が亡くなったり，転居したりした後に住む人がいなくなり，空き家が増加している→少子化が進み，学校の廃校が増えている

・空き家率…1973年の空き家率(日本の総住宅数にしめる空き家の割合)は5.5%であったが，2013年は13.5%と大きく上昇《じょうしょう》している

・空き家や廃校が良くない理由…空き家や廃校が放置され続ける→老朽《ろうきゅう》化《か》した建物が倒壊《とうかい》する可能性や，不審《ふしん》者が侵入《しんにゅう》して治安が悪化し，地域の景観や衛生状態が損《そこ》ねられるおそれ

②空き家や廃校もアイディア次第でよみがえる

・地方公共団体の取り組み…空き家情報を利用希望者に紹介《しょうかい》し，活用できるようにする「空き家バンク」の制度を開始→危険な空き家の所有者に，適切な管理の指導，地方公共団体が持ち主に代わって危険な建物を解体

・地方公共団体や住民などが協力して空き家や廃校を活用する取り組み…新しい使い道の提案

　・広島県尾道《おのみち》市では，NPOが中心となって，空き家を地域の人が集まる場所，観光客の宿泊施設《しせつ》に

　・大阪府吹田《すいた》市では，江戸《えど》時代の庄屋《しょうや》の屋敷《やしき》を改修して，まちづくりや地域の交流の場として活用

　・高知県室戸《むろと》市では，廃校になった小学校を改修して水族館を開設

関連用語

帰還《きかん》困難区域　東日本大震災で大きな被害《ひがい》を受けた福島第一原子力発電所の周辺で2020年4月現在でも一切の立ち入りが許されず，自分の家に住めない地域。

自助・共助・公助　自分自身で災害に備えるのが「自助」，町内会など地域で支え合うのが「共助」，国や地方公共団体が行うのが「公助」である。地震発生直後は警察や消防，自衛隊などの「公助」がすぐに被災地に来られない可能性がある。

要点チェック

□住民の意思に基《もと》づいて地域を運営していくことを何というか。	住民自治
□地域を運営する主な場となる，都道府県や市町村，特別区などの行政の単位は何か。	地方公共団体（地方自治体）
□地域は住民自身によって運営されるべきであり，そのために国から自立した地方公共団体を作るという原則を何というか。	地方自治の原則
□地方自治は，住民に身近な民主主義を行う場であることから，何の学校とよばれるか。	民主主義の学校
□地方公共団体が自立した活動を行えるようにするために，1999年に作られた法律は何か。	地方分権一括《いっかつ》法
□国の仕事や財源を地方公共団体に移すという考え方は何か。	地方分権
□地方公共団体に置かれている議会は何か。	地方議会
□地方公共団体の議会が定める，その地方公共団体独自の法は何か。	条例
□住民が直接選挙によって選ぶ地方公共団体の長は何とよばれるか。	首長《しゅちょう》
□市（区）町村長の被《ひ》選挙権は満25歳《さい》以上であるが，都道府県知事の被選挙権は満何歳以上か。	満30歳以上
□地方自治の特徴《とくちょう》である，住民が地方議員と首長という２種類の代表を選ぶという仕組みは何か。	二元代表制
□地方公共団体における議会と首長の関係で，首長は，議会の解散権と，議会の決定に対する何権を持つか。	拒否《きょひ》権
□地方公共団体における議会と首長の関係で，議会が首長に対して行うことができる議決は何か。	不信任の議決

□地方自治において，選挙で首長や議員を選ぶだけでなく，住民に認められている直接民主制の考え方を取り入れた権利は何か。	直接請求《せいきゅう》権
□住民投票で過半数の賛成があれば，首長や議員を辞《や》めさせたり議会を解散させたりすることができることを何というか。	リコール
□条例の制定・改廃《かいはい》，監査《かんさ》の請求に必要な有権者の署名数は有権者の何分の１以上か。	50分の１以上
□首長・議員の解職，地方議会の解散の請求に必要な有権者の署名数は有権者の何分の１以上か。	３分の１以上
□地方公共団体が独自に集める自主財源のうち，最も多くをしめている税は何か。	地方税
□地方公共団体間の財政の格差をおさえるために国から配分されるお金は何か。	地方交付税交付金
□地方公共団体に，教育や道路の整備といった特定の仕事の費用を国が一部負担するお金は何か。	国庫支出金
□地方公共団体の借金とは何か。	地方債《ちほうさい》
□その地域にとって重要な問題に関して，住民全体の意見を明らかにするために実施《じっし》される投票は何か。	住民投票
□住民が地方公共団体の仕事を監視《かんし》できるように，情報の公開を求める制度を何というか	情報公開制度
□地域の運営に大きな役割を果たす，住民が加入している自主的組織は何か。	町内会(自治会，町会)
□住民が自発的に，地域の活動に参加することは何か。	ボランティア
□自分たちの利益を目的にせず，公共の利益のために活動している団体を何とよぶか。	NPO(非営利組織)
□私たち一人一人が主体的に考え，行動することが，どのような社会を創るために大切か。	持続可能な社会

得点アップ ◎定期テスト対策問題①◎

1 現代の民主政治について，次の問いに答えなさい。

(1) 世界の多くの国では，選挙で選んだ代表者が集まって議会を作り，物事を話し合って決めるという間接民主制を採っている。この間接民主制の別名を答えなさい。　　　　　　　　　　　（ **議会制民主主義** ）

(2) 選挙に関して，次の問いに答えなさい。

① 満18歳《さい》以上の全ての国民には，選挙権が憲法によって保障されている。このような選挙を何というか答えなさい。

（ **普通《ふつう》選挙** ）

② 日本の現在の選挙制度で採られている，どの政党や候補者に投票したかを他人に知られないよう無記名で投票する選挙を何というか答えなさい。

（ **秘密選挙** ）

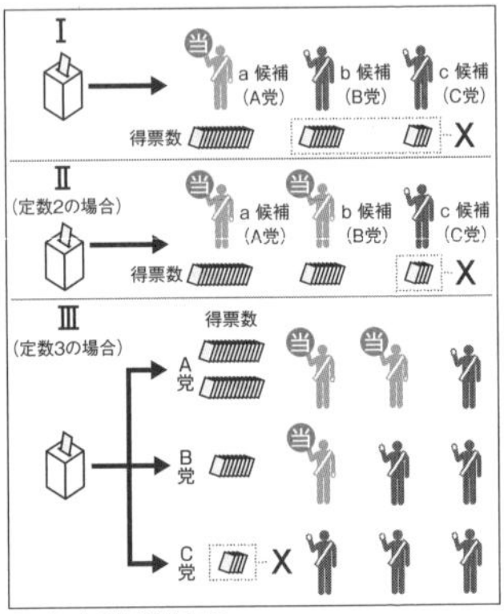

⬆主な選挙制度

③ 右の図中のⅠ～Ⅲに当てはまるものを，次の**ア**～**ウ**から選び，記号で答えなさい。

ア　比例代表制　　　**イ**　大選挙区制　　　**ウ**　小選挙区制

Ⅰ（ **ウ** ）　Ⅱ（ **イ** ）　Ⅲ（ **ア** ）

④ 図中の**X**は，落選して議席を得られなかったその政党や候補者の得票である。この**X**を何というか答えなさい。　　　（ **死票《しひょう》** ）

(3) 政党に関して，次の問いに答えなさい。

① 内閣を作って政権を担当する政党を何というか答えなさい。

（ **与党《よとう》** ）

② 一つの政党だけで議席が過半数に達しないとき，内閣がいくつかの政党で作られることがある。このような政権を何というか答えなさい。

（ **連立政権（連立内閣）** ）

⑷ 世論《せろん》《よろん》とマスメディアに関して，次の問いに答えなさい。

① 社会のさまざまな問題について，多くの人々によって共有されている意見のことを何というか答えなさい。 （ 世論 ）

② マスメディアの報道やインターネットの情報を，さまざまな角度から批判的に読み取る力を何というか。 （ メディアリテラシー ）

2 国の政治の仕組みについて，次の問いに答えなさい。

⑴ 次の文の（　　）に当てはまる語句をそれぞれ答えなさい。

◎国会は，国の権力すなわち（ A ）の最高機関であり，また，唯一《ゆいいつ》の（ B ）機関である。

A（ 国権 ）

B（ 立法 ）

⑵ 右の衆議院と参議院を比較《ひかく》した表中の①～⑧に当てはまるものを，次のア～クから選び，記号で答えなさい。

	衆議院	参議院
議員数	①	245人
任期	②(③がある)	④(3年ごとに半数を⑤)
選挙権	18歳以上	18歳以上
被《ひ》選挙権	⑥以上	⑦以上
選挙区	小選挙区 289人 ⑧ 176人	選挙区 147人 ⑧ 98人

⬆衆議院と参議院の比較《ひかく》

※法改正により，参議院の定数は2022年7月26日以降は，選挙区148，比例代表100，計248に増える予定。

ア 改選　**イ** 比例代表

ウ 解散　**エ** 4年

オ 6年　**カ** 25歳

キ 30歳　**ク** 465人

①（ ク ） ②（ エ ） ③（ ウ ）

④（ オ ） ⑤（ ア ） ⑥（ カ ） ⑦（ キ ） ⑧（ イ ）

⑶ 次の**ア**～**オ**のうち，衆議院の優越《ゆうえつ》に当てはまらないものはどれか。

ア 憲法の改正　**イ** 条約の承認《しょうにん》　**ウ** 内閣不信任の決議

エ 法律案の議決　**オ** 予算の先議 （ ア ）

⑷ 内閣は，国会が選んだ首相を中心に組織され，国会に対して連帯して責任を負っている。この制度を何というか答えなさい。（ 議院内閣制 ）

⑸ 内閣不信任の決議が可決された場合，内閣は総辞職するか，あるいは10日以内に何をしなければならないか答えなさい。 （ 衆議院の解散 ）

得点アップ ●定期テスト対策問題②●

❶ 国の政治の仕組みについて，次の問いに答えなさい。

(1) 次の文に当てはまる下級裁判所を，あとの**ア**～**エ**から選び，記号で答えなさい。　　(ア)

◎家庭内での争い(家事事件)の第一審《だいいっしん》となり，また，少年事件をあつかう。審理《しんり》は原則として非公開である。

ア 家庭裁判所　**イ** 簡易裁判所　**ウ** 高等裁判所

エ 地方裁判所

(2) 第一審の裁判の判決が不服な場合，第二審《だいにしん》の裁判所に控訴《こうそ》し，さらにその判決にも従えなければ上告できる。このように，同一の事件について3回まで裁判を受けられることを何というか答えなさい。

(三審制《さんしんせい》)

(3) 民事裁判で，①訴《うった》えた人と②訴えられた人をそれぞれ何というか答えなさい。　①(原告)　②(被告《ひこく》)

(4) 右の図を見て，次の問いに答えなさい。

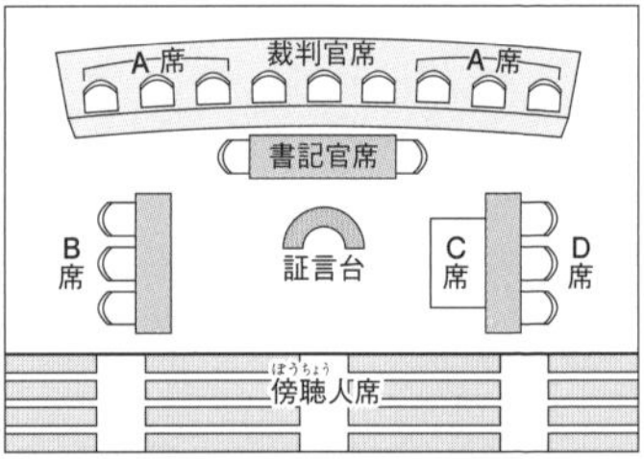

① 犯罪行為《こうい》について，有罪か無罪かを決定する裁判の様子である。この裁判の種類を答えなさい。

(刑事《けいじ》裁判)

② 図中の**A**～**D**に当てはまるものを，次の**ア**～**エ**から選び，記号で答えなさい。

ア 検察官　**イ** 裁判員　**ウ** 被告人《ひこくにん》　**エ** 弁護人

A(イ)　B(ア)　C(ウ)　D(エ)

(5) 法律などが合憲か違憲《いけん》かについての最終決定権を持っていることから「憲法の番人」とよばれる裁判所名を答えなさい。

(最高裁判所)

2 **地方の政治と自治について，次の問いに答えなさい。**

(1) 住民の意思に基《もと》づいて，それぞれの地域の運営を行うことを何というか答えなさい。 （ **住民自治** ）

(2) 次の**ア**～**オ**のうち，地方公共団体の仕事に当てはまらないものを一つ選び，記号で答えなさい。 （ **エ** ）

ア ごみの収集　　**イ** 道路の管理　　**ウ** 小・中学校の設置

エ JRの事業　　**オ** 警察

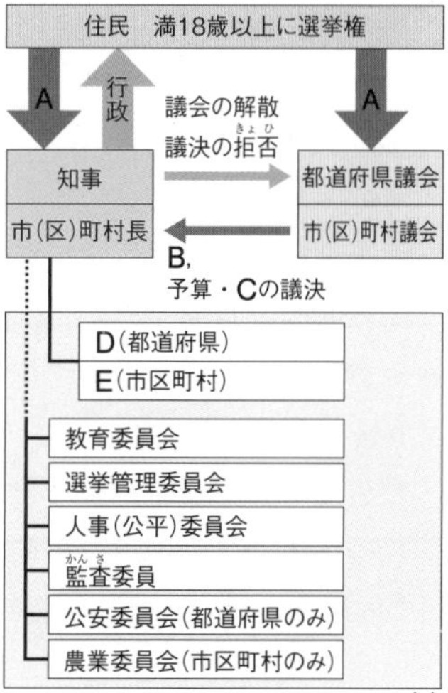

(3) 右の地方自治の主な仕組みを表している図を見て，次の問いに答えなさい。

① 図中の**A**～**E**に当てはまるものを，次の**ア**～**オ**から選び，記号で答えなさい。

ア 条例　　**イ** 選挙

ウ 副市(区)町村長　　**エ** 副知事

オ 不信任決議

A（ **イ** ） B（ **オ** ） C（ **ア** ）
D（ **エ** ） E（ **ウ** ）

② 図中の知事の被《ひ》選挙権は満何歳《さい》以上か答えなさい。 （ **満30歳以上** ）

③ 直接請求《せいきゅう》権に関して，50分の１以上の有権者の署名を必要とする監《かん》査《さ》請求の請求先を，図中から選び，答えなさい。 （ **監査委員** ）

④ 直接請求権に関して，３分の１以上の有権者の署名を必要とする議会の解散請求の請求先を，図中から選び，答えなさい。

（ **選挙管理委員会** ）

(4) 地方公共団体間の財政格差をおさえるために国から配分されているものは何か答えなさい。 （ **地方交付税交付金** ）

(5) 地方公共団体の借金を何というか答えなさい。

（ **地方債《ちほうさい》** ）

1 消費生活と市場経済

教科書　p.130～p.139

要点整理

1 私たちの消費生活

①私たちの消費生活と経済

・財：形のある商品→食品や衣類など／サービス：形の無い商品→電車に乗ることなど

・経済：生産と消費を通じて，暮らしを便利で豊かにする仕組み

②家計の収入と支出

・家計：家族や個人といった，消費生活の単位→会社員や公務員は給料が，農家や個人の商店は事業の利益が，主な家計の収入

・消費支出：食品や衣類，娯楽《ごらく》など，生活に必要な財やサービスに使う支出

・貯蓄《ちょちく》：収入から，消費支出と非消費支出を差し引いた残り

③希少性とは

・希少性(がある)：求める量に対して財やサービスの量が不足した状態→求める量と実際の量との関係で決まる

④商品の選択《せんたく》とより良い消費生活

・一定の収入と時間の中で，必要な商品を選択する

・計画的なより良い消費生活が求められている

2 契約《けいやく》と消費生活

①消費者主権

・消費者主権：消費者が自分の意思と判断で，適切な商品を自由に選んで購入《こうにゅう》すること

②契約と消費生活／③消費者問題の発生

・消費生活での契約…売る側と買う側との間で契約が成立

超重要　商品の流通を専門的に行うのが卸売《おろしうり》業と小売《こうり》業などの商業

でる!

❶消費支出と貯蓄の意味と内容をつかんでおこう。❷「消費者主権」，「契約自由の原則」は覚えておこう。❸「クーリング・オフ」，「製造物責任法」はよく出るよ。❹流通の働きは重要だよ。

・契約自由の原則…だれと，どのような内容の契約を，どのような方法で結ぶのかは，基本的に自由

・消費者問題：健康被害《ひがい》や詐欺《さぎ》など消費者が不利益を受ける問題

3 消費者の権利を守るために

①消費者の権利／②日本の消費者問題への対応

・ケネディ大統領がかかげた「消費者の四つの権利」→消費者の権利を保障

・消費者保護基本法の制定(1968年)→消費者を保護する仕組み：クーリング・オフ制度，製造物責任法(PL法)，消費者契約法，消費者庁の設置

③自立した消費者

・消費者の権利を規定した消費者基本法，自立した消費者としての責任

4 消費生活を支える流通

①商品が消費者に届くまで／②商業の役割

・流通：商品が卸売業者や小売業者によって消費者に届くまでの流れ

・卸売業や小売業などの商業：流通を専門的に行い，利益を上げる業種

・商品を買う際にかかる手間や費用を省くうえで，重要な役割

③流通の合理化

・流通の合理化…労力や費用をおさえるために必要

・原材料の入手から販売《はんばい》までの物流を，コンピューターでまとめて管理

関連用語

クーリング・オフ　消費者が訪問販売などの突然《とつぜん》の取り引きで契約したり，マルチ商法などの複雑な取り引きで契約したりした場合に，一定期間であれば無条件で一方的に契約を解除できる制度。

消費者庁　政府のさまざまな省庁が行っていた消費者行政をまとめて行う，2009年に設置された機関。

要点チェック

□食品や衣類といった，形のある商品を何というか。	財
□電車に乗るなど，形の無い商品を何というか。	サービス
□生産と消費を通じて，暮らしを豊かにする仕組みを何というか。	経済
□家族や個人といった，消費生活の単位は何か。	家計
□家計での支出のうち，食品や衣類，娯楽《ごらく》，教育，医《い》療《りょう》など，生活に必要な財やサービスに使う支出を何というか。	消費支出
□収入から消費支出と非消費支出を差し引いた残りを何というか。	貯蓄《ちょちく》
□発行した会社が一時的に商品の代金を立てかえてくれる仕組みを持つカードを何というか。	クレジットカード
□消費者が自分の意思と判断で，適切な商品を自由に選んで購入《こうにゅう》することを何というか。	消費者主権
□だれと，どのような内容の契約《けいやく》を，どのような方法で結ぶのかは，基本的に自由であるという原則を何というか。	契約自由の原則
□健康被害《ひがい》や欠陥《けっかん》住宅，詐欺《さぎ》などのように，うその情報によって起こっている問題を何というか。	消費者問題
□1962年に，消費者の四つの権利として「安全を求める権利」，「知らされる権利」，「選択《せんたく》する権利」，「意見を反映させる権利」を明確にしたアメリカの大統領はだれか。	ケネディ大統領
□消費者が訪問販売《はんばい》などで商品を購入した場合に，購入後一定期間以内であれば消費者側から無条件で契約を解除できる制度を何というか。	クーリング・オフ制度

□欠陥商品で消費者が被害を受けたときの企業《きぎょう》の責任について定めた法律は何か。	製造物責任法（PL法）
□事業者の一定の行為《こうい》によって，消費者が誤認《ごにん》したりとまどったりした状態で契約を結んだりした場合に，その契約や意思表示を取り消すことができることを定めた法律は何か。	消費者契約法
□2009年に，政府のさまざまな省庁が行っていた消費者政策をまとめて行うために設置された行政機関は何か。	消費者庁
□消費者の権利を明確に規定し，国や地方公共団体の責務として，法律や制度の整備や，情報開示の推進によって，消費者が被害にあうことを防ぎ，自立した消費生活を送れるよう支援《しえん》することを定めた法律は何か。	消費者基本法
□商品が卸売《おろしうり》業者や小売《こうり》業者によって消費者に届くまでの流れを何というか。	（商品の）流通
□卸売業や小売業など，流通を専門的に行い，商品の売買で利益を上げる業種を何というか。	商業
□資金が豊富な百貨店やスーパーマーケット，家電量販店といった大規模な小売業者が，商品を生産者から直接仕入れることで，流通の費用を削減《さくげん》していることを何というか。	流通の合理化
□企業が直営店を持って事業を展開する事業形態を何というか。	チェーン店
□原材料や商品などの物の流れを何というか。	物流
□流通の経路の短縮だけでなく，商品を保管する費用の大幅《おおはば》な削減につながる，売る側と買う側をインターネットで直接結ぶ商品の売買を何というか。	インターネット・ショッピング

2 生産と労働

教科書　p.140～p.149

要点整理

1 生産活動と企業《きぎょう》

①分業と交換

・分業：自分の最も得意な物を専門的に生産すること

・交換《こうかん》…自分の物と他者が生産した物とを交換→生活が成り立つ→お金(貨幣《かへい》)を使って必要なときに必要な物と交換

・企業…財やサービスの生産は，その生産を目的に組織された企業が担当

②企業の生産活動と資本主義経済／③技術革新と知的資源

・企業の生産活動…三つの生産要素(土地，設備，労働力)を組み合わせる→収入から費用や必要経費を引いた利潤《りじゅん》を大きくすることが企業の目的

・資本主義経済：資本が，お金(資本金)から三つの生産要素，商品へと形を変えながら，利潤を生みだし，たくわえられる経済の仕組み

・技術革新…知的資源は，現代の企業の競争力にとって重要

2 企業の種類

①私企業《しきぎょう》と公企業《こうきぎょう》／②大企業《だいきぎょう》と中小企業《ちゅうしょうきぎょう》

・私企業(民間企業)：資本主義経済で,利潤を目的とする企業

・公企業：国や地方公共団体の資金で運営される公共の目的のための企業

・大企業・中小企業…資本金や従業員として働く人の数で分けられる

・中小企業：大企業よりも高い技術力を持っている企業も多くある

③起業とベンチャー企業／④企業の社会的責任

・起業：新しい分野の事業に乗りだしたり，企業を起こしたりすること

・独自の先進技術を活用して急成長した企業→ベンチャー企業

・企業の社会的責任(CSR)…法令を守る,情報の公開,消費者の安全などがある

超重要 企業には，利潤を目的とする私企業と，公共の目的のために活動する公企業がある。

でる!

❶資本主義経済の内容を覚えておこう。❷技術革新と知的資源の重要性を理解しよう。❸企業の種類を整理して理解しよう。❹株式と株式会社の仕組みをつかんでおこう。

3 株式会社の仕組み

①株式とは

・企業…個人企業：農家や個人の商店など／法人企業：株式会社など

・**株式会社**：株式を発行することで得た資金で作られる企業

・**株式**：企業の事業のために資金を投資した人の，権利や義務を定めた証書(証券)

・**株主**：企業の株式を持っている人→企業の所有者

②株式会社の仕組み

・企業が活動するのに必要な多額の資金…広く社会から集められる→株式を発行することで，一人一人は少額でも，多額の資金を準備できる

・大企業…株主は企業を経営しない→経営者に任せる

・**株主総会**：株主には，出席して議決に参加する権利を保障されている→経営者を交代させることもできる

・**配当**…株主は利潤の一部を受け取る権利が保障されている

・有限責任…会社が倒産《とうさん》しても，投資した金額以上を負担しなくてよい

③株価の変動

・**証券取引所《とりひきじょ》**…株式が自由に売買される→**株価**の決定

・株式の売買…株価の変動や配当によって，利益を得るために行われる

関連用語

中小企業　定義は，業種によって異なり，**製造業**などでは，資本金が３億円以下または従業員が300人以下，**卸売《おろしうり》業**では，１億円以下または100人以下，**サービス業**では，5000万円以下または100人以下，**小売《こうり》業**では，5000万円以下または50人以下の企業をいう。

法人企業　人間と同じように，企業も法律に基づいて**権利**や**義務**の主体と見なすことがある。そのような企業を法人企業という。

4 労働の意義と労働者の権利

①労働の意義

・**労働者**：企業《きぎょう》などで働く人々→働いて得た収入で生活

・労働の意義…自分の夢をかなえたり，社会に参加したりする

・社会の中で行われる生産…労働を通して参加→労働者の分業によって，社会全体で必要な財やサービスが生産されている

・職業に就《つ》く：社会の分業という役割分担に参加すること

②労働者の権利

・労働者…やとい主である使用者(経営者)に労働力を提供→対価として使用者から賃金を受け取る

・賃金や労働時間などの労働条件…労働者と使用者との間で契約《けいやく》の形で決められる

・労働者は弱い立場にある…一人一人で交渉《こうしょう》するのでは，労働条件が不利になる可能性→労働者は**労働組合**を結成→労働条件の向上を使用者に要求

・労働三法：**労働基準法**…労働時間などの労働条件の最低基準を決めている／**労働組合法**…組合の結成や，ストライキなどの労働争議を，労働者の権利として認め，保障している／**労働関係調整法**

③ワーク・ライフ・バランスの実現

・労働条件の向上の重要な視点…労働時間の短縮→日本の労働者の年間労働時間は，先進工業国の中でも長い状態

・長時間労働…心身の病気の原因，過労死，子育てをすることが難しい→休息の時間をしっかり取り，家庭や地域の人と過ごす時間が必要

・労働時間を短縮…育児や介護《かいご》のための休暇《きゅうか》を充実《じゅうじつ》させる→仕事と個人の生活とを両立できる**ワーク・ライフ・バランス**を実現することが重要

・**フレックスタイム**や**テレワーク**…多様な働き方ができる仕組みも求められている

超重要 労働三法：労働者の権利を守るための法律

でる!

❶労働の意義について考えよう。❷労働組合の働きをつかもう。❸労働三法(労働基準法，労働組合法，労働関係調整法)の用語はよく出るよ。❹ワーク・ライフ・バランスについても知ろう。

5 労働環境《かんきょう》の変化と課題

①多様化する労働の在り方

・終身雇用《こよう》…以前は，一つの企業に定年まで勤め続けるのが一般《いっぱん》的
・年功序列賃金…賃金は年齢《ねんれい》とともに上昇《じょうしょう》
・能力主義・成果主義…個人の能力や仕事の成果で労働条件を決める
・**非正規労働者**：パートやアルバイト，派遣《はけん》労働者，契約《けいやく》労働者など→日本の労働者の約４割
・転職や起業の増加…自分の能力を発揮する場を求めて

②非正規労働者の増加への対応

・非正規労働者…正規労働者と同じ仕事をしても賃金が低く，契約が継続《けいぞく》されにくい→安定した生活が難しく，格差の拡大につながる
・同一労働同一賃金：同じ労働には同じ賃金を支払《しはら》うこと
・セーフティネット(安全網《もう》)…生活保護などの整備

③外国人労働者

・日本で働く**外国人労働者**…100万人以上→一般的に賃金が低く，労働条件や契約の継続は経済の状況《じょうきょう》に左右される

④いきいきと働ける社会の実現

・社会を活性化するために，全ての人がいきいきと働ける環境を整える

関連用語

労働争議　労働条件などをめぐって，主に労働者側が使用者側に対して一定の行為《こうい》を行うこと。具体的には，労働者が使用者に抗議《こうぎ》して労働を行わないストライキなどがある。

ワーク・ライフ・バランス　「仕事と生活の調和」と訳され，国民一人一人がやりがいや充実感を持ちながら働き，仕事上の責任を果たすとともに，家庭や地域生活においても，人生の各段階に応じて多様な生き方が選択《せんたく》，実現できることを指す。

要点チェック

□財やサービスの生産を目的に組織されるものは何か。	企業《きぎょう》
□企業《きぎょう》の生産活動で組み合わせて行われる三つの生産要素は何か。	土地，設備，労働力
□企業の収入から費用や必要経費を引いた残りは何か。	利潤《りじゅん》
□お金から三つの生産要素，商品へと形を変えながら，利潤《りじゅん》を生みだし，たくわえられる経済の仕組みを何というか。	資本主義経済
□利潤を目的とする企業は何か。	私企業《しきぎょう》
□日本全体の企業数の99%以上，売上高の約43%，従業員数の約70%をしめている企業は何か。	中小企業《ちゅうしょうきぎょう》
□中小企業《ちゅうしょうきぎょう》の中で，新しい技術や独自の経営ノウハウを基《もと》に革新的な事業を展開する企業は何か。	ベンチャー企業
□法令を守り情報を公開することだけでなく，消費者の安全や従業員の生活の安定など，現代の企業が果たすべき責任を何というか。	企業の社会的責任（CSR）
□私企業《しきぎょう》のうち，農家や個人の商店などは何か。	個人企業
□私企業のうち，複数の人々が資金を出し合って作る企業は何か。	法人企業
□法人企業の中で，最も数が多く，株式を発行することで得た資金で作られる企業は何か。	株式会社
□企業の株式を持っている人で，その企業の所有者と考えることができる人を何というか。	株主
□日本では，東京のほか，名古屋《なごや》，福岡，札幌《さっぽろ》などにあり，株式や債券《さいけん》の売買を行う施設《しせつ》は何か。	証券取引所《とりひきじょ》
□証券取引所《とりひきじょ》で，売買を通じて決まる株式の値段を何というか。	株価

□労働者が，労働の対価として使用者から受け取るものとは何か。	賃金
□労働条件の向上を使用者に対して要求する労働者が結成する団体は何か。	労働組合
□労働者と使用者とが対等の関係であること，男女は同一賃金，労働時間週40時間，１日８時間以内や，少なくとも週１日の休日などの労働条件について，最低限の基準を定めた法律は何か。	労働基準法
□労働者が自主的に労働組合を結成することや，労働組合がストライキなどの争議行為《こうい》を行うことなどを保障している法律は何か。	労働組合法
□労働三法とよばれている法律は，労働基準法，労働組合法と，あと一つは何か。	労働関係調整法
□労働時間を短縮し，育児や介護《かいご》のための休暇《きゅうか》を充実《じゅうじつ》させることで，性別や年齢《ねんれい》に関わりなく，仕事と個人の生活とを両立できることを何というか。	ワーク・ライフ・バランス
□近年求められてきた多様な働き方ができる仕組みの例とは，フレックスタイムと何か。	テレワーク
□以前は一般的《いっぱんてき》だった，一つの企業に定年まで勤め続けるという雇用《こよう》における在り方は何か。	終身雇用
□個人の能力で労働条件を決める考え方は何か。	能力主義
□日本でも社員の評価制度として採用する企業が増えている，個人の仕事の成果(結果)で労働条件を決める考え方は何か。	成果主義
□期間を定めた短期の契約《けいやく》で雇用されている，アルバイト，パート，派遣《はけん》労働者，契約労働者などを何というか。	非正規労働者

3 市場経済の仕組みと金融

教科書　p.150～p.161

要点整理

1 市場《しじょう》経済と価格の決まり方

①市場経済とは

・経済は,生産と消費を通じて,生活を支えている→それぞれの家計や企業《きぎょう》は,商品の生産と売買によって,あみの目のように複雑に結び付いている

・**市場(しじょう)**：商品が売買される場の全体をいう

・**市場経済**：さまざまな市場が生活のすみずみまで行きわたっている経済

②需要《じゅよう》・供給と価格との関係

・価格…商品に値段(価格)が付くのは，希少性があるから

・**需要量**：消費者の買う量

・**供給量**：生産者の売る量

・**均衡《きんこう》価格**：需要量と供給量が一致《いっち》し，市場の均衡が取れた価格

2 価格の働き

①市場経済における価格の働き

・価格(**市場価格**)…価格が上下することで，生産量が増減→需要の多い商品を生産→生産要素が無駄《むだ》なく効率的に利用されている

②独占《どくせん》価格

・**独占**：市場で商品を供給する企業が1社だけの状態

・**寡占《かせん》**：市場に商品を供給する企業が少数の状態

・**独占(寡占)価格**：一つの企業が独断で，あるいは少数の企業が相談して決める価格

・**公正取引《とりひき》委員会**：競争をうながすことを目的として制定された**独占禁止法**に基《もと》づいて，監視《かんし》や指導を行っている行政機関

超重要　公正取引委員会：独占禁止法に基づいて監視や指導を行っている

でる!

❶需要量と供給量の関係と均衡価格は覚えておこう。❷「独占禁止法」,「公正取引委員会」の用語はよく出るよ。❸金融《きんゆう》機関の仕組みと働きをつかんでおこう。❹日本銀行の役割は重要だよ。

③公共料金

・**公共料金**：価格の変動が，国民の生活に大きな影響《えいきょう》をあたえるため，国や地方公共団体が決定や認可《にんか》をする料金→電気，ガス，水道などの価格(料金)

3 貨幣《かへい》の役割と金融

①貨幣の役割

・市場での売買…紙幣《しへい》や硬貨《こうか》などのお金(**貨幣・通貨**)を使って行われる→以前は価値の高い材料で造られていたが，現在は高くない

・物々交換《こうかん》…たがいの欲《ほ》しい物と提供できる物が一致したときにしか成立しない

・貨幣を使うと，自分の欲しい財やサービスといつでも交換することができる→時間や場所の制約を受けずに，生産と消費とを結び付けられている

②お金の貸し借りと金融

・**金融**：お金が不足していて借りたいと思っている側と，余裕《よゆう》があって貸したいと思っている側との間でお金を融通《ゆうずう》する方法

③金融の方法と働き

・金融のさまざまな働き

　・**直接金融**：企業が発行する，社債《しゃさい》などの借り入れの証明書を購入《こうにゅう》してもらう形で，直接お金を借りること

　・**間接金融**：金融機関がお金を借りる側と貸す側との間に入り，貸す側から集めたお金を借りる側に融通すること

　　・以前の日本では間接金融が中心→近年では直接金融も増えている

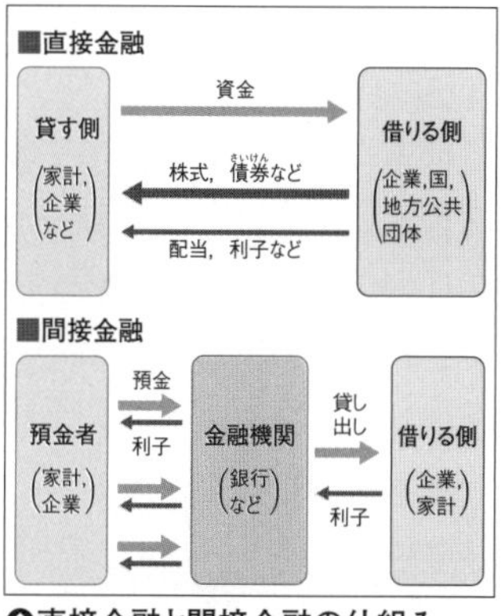

⬆直接金融と間接金融の仕組み

・金融《きんゆう》の働き…経済の中でお金の流れを円滑《えんかつ》にし，家計や企《き》業《ぎょう》の消費や生産を助ける
・大規模になった金融は経済全体に大きな影響《えいきょう》をあたえる…金融がうまく機能しないことで，経済に悪影響をおよぼす

4 私たちの生活と金融機関

①銀行の仕組みと働き

・**銀行**：間接金融を担《にな》う，代表的な金融機関
・銀行の金融としての特に重要な役割：人々の貯蓄《ちょちく》を**預金**として集め，家計や企業に貸し出すこと
・**利子**（利息）…お金を借りる側は，銀行に対して，借り入れた金額（元金《がんきん》）を期限内に返済し，一定の期間ごとに利子を支《し》払《はら》う
・**金利**（利子率，利率）：元金に対する利子の比率
　・借りる側から受け取る利子は，預金している人々に支払う利子より高い→その差が銀行の収入になる
・為替《かわせ》…はなれた場所への送金に利用→手数料が銀行の収入

②預金通貨

・紙幣《しへい》や硬《こう》貨《か》の**現金通貨**だけではなく，預金そのものが通貨の一つ
・銀行預金などの**預金通貨**…企業どうしの取り引きで，主に使われている→日本に流通している貨幣全体の約９割をしめている

③日本銀行の役割

・世界の国々には，特別な働きをする**中央銀行**がそれぞれ設けられている
・日本の中央銀行は**日本銀行**（日銀）
・日本銀行の役割…紙幣を発行する**発券銀行**／政府が管理するお金が預金され，その出し入れを行う**政府の銀行**／一般《いっぱん》の銀行に対するお金の貸し出しや，預金の受け入れを行う**銀行の銀行**
・日本銀行に預金ができるのは，政府と一部の金融機関だけ

超重要 日本銀行の役割：発券銀行，政府の銀行，銀行の銀行

5 景気と金融政策

①景気とは／②戦後の日本経済

- 景気：経済全体の状態
- 好景気(好況《こうきょう》)…商品が多く売れて企業の生産が増え，家計の収入も増加
- 不景気(不況《ふきょう》)…商品はあまり売れずに企業の生産が減り，家計の収入も減少
- 景気変動：社会全体の需要《じゅよう》と供給の動きに応じて，好景気と不景気を交《こう》互《ご》にくり返す
- インフレーション…物価が上がり続けることで，逆はデフレーション
- 戦後日本の経済成長…1955年から高度経済成長→1973年石油危機→1980年代後半にバブル経済→1991年バブル経済崩壊《ほうかい》→平成不況の不景気

③日本銀行の金融政策

- 金融政策：公開市場《しじょう》操作…銀行が日本銀行に預金しているお金の量を調整することで景気を安定させる→日本銀行が行う

6 グローバル経済と金融

①貿易と経済のグローバル化／②為替相場《そうば》／③グローバル経済と金融

- 貿易：国と国の間で行われる商品の取り引き
- 経済のグローバル化…発展途上《とじょう》国や新興国に進出→産業の空洞《くうどう》化
- 為替相場：日本の通貨である円を，外国の通貨と交換《こうかん》する比率
- 円高《えんだか》：円の価値が高まること→輸出には不利，輸入には有利
- 円安《えんやす》：円の価値が低くなること→輸入には不利，輸出には有利
- 多国籍《たこくせき》企業：多くの国に進出する企業→国境をこえた投資が活発→1997年アジア通貨危機→2008年世界金融危機→金融に対する規制を強化

関連用語

独占《どくせん》禁止法　正式名は「私的独占の禁止及《およ》び公正取引《とりひき》の確保に関する法律」。市場での公正かつ自由な競争を促進《そくしん》し，事業者が自主的な判断で自由に活動できるようにすることを目的とする法律。

公正取引委員会　独占禁止法に基《もと》づいて設置される行政機関。他の行政機関から独立して業務を行う。

産業の空洞化　企業が工場などの生産拠点《きょてん》を海外に移すことで，国内産業が衰退《すいたい》すること。

要点チェック

□商品が売買される場を何というか。	市場《しじょう》
□さまざまな市場《しじょう》が社会のすみずみまで行きわたっている経済を何というか。	市場経済
□消費者の買う量は何か。	需要《じゅよう》量
□生産者の売る量は何か。	供給量
□需要《じゅよう》量が供給量を上回っている場合には，商品の価格は上がるか，それとも下がるか。	上がる
□供給量が需要量を上回っている場合には，商品の価格は上がるか，それとも下がるか。	下がる
□市場の均衡《きんこう》が取れた価格，すなわち需要量と供給量が一致《いっち》した価格を何というか。	均衡価格
□市場経済では，消費者が欲《ほ》しがる商品は多く，あまり必要とされない商品は少なく生産される。このような調節は何が上下することによって起こるか。	市場価格
□市場で商品を供給する企業《きぎょう》が１社だけの状態は何か。	独占《どくせん》
□市場に商品を供給する企業が少数だけの状態は何か。	寡占《かせん》
□一つの企業が独断で決める価格を何というか。	独占価格
□少数の企業が相談して決める価格を何というか。	寡占価格
□企業間の競争をうながすことを目的とした法律は何か。	独占禁止法
□企業間の競争をうながすため，不当な価格協定や不公正な方法による取り引きを禁止した法律を運用し，監視《かんし》や指導を行っている行政機関は何か。	公正取引《とりひき》委員会
□電気やガス，水道などの価格のことで，変動が国民の生活にあたえる影響《えいきょう》が大きいため，国や地方公共団体が決定や認可《にんか》をしている価格(料金)は何か。	公共料金

□市場での売買を行うときに使われているものは何か。	貨幣《かへい》(通貨)
□お金が不足して借りたいと思っている側と，余裕《よゆう》があって貸したいと思っている側との間で成立するお金を融通《ゆうずう》する方法を何というか。	金融《きんゆう》
□貸す側と借りる側が直接行う金融《きんゆう》は何か。	直接金融
□金融機関がお金を借りる側とお金を貸す側との間に入って行う金融は何か。	間接金融
□人々の貯蓄《ちょちく》を預金として集め，家計や企業に貸し出す仕事をする代表的な金融機関は何か。	銀行
□資金を借りる側が貸す側に一定の割合で元金《がんきん》に加えて支《し》払《はら》うお金は何か。	利子(利息)
□紙幣《しへい》や硬貨《こうか》などの通貨を何というか。	現金通貨
□日本に流通している貨幣《かへい》全体の約９割をしめている通貨は何か。	預金通貨
□世界の国々にそれぞれ設けられており，特別な働きをする銀行を何というか。	中央銀行
□日本の中央銀行である日本銀行が持つ三つの役割は，発券銀行，政府の銀行と，もう一つは何か。	銀行の銀行
□好景気と不景気は，社会全体の需要と供給の動きに応じて，交互《こうご》にくり返す。これを何というか。	景気変動
□好景気で消費が増え，商品の需要が供給を上回ると，物価が上がり続けることが起こるが，これを何というか。	インフレーション
□銀行が日本銀行に預金するお金の量を調整することで，景気を安定させる日本銀行の政策とは何か。	金融政策
□日本の企業が工場を海外に移し，部品なども外国企業から得るようになって進んだことは何か。	産業の空洞《くうどう》化
□多くの国に進出して成長している企業とは何か。	多《た》国籍《こくせき》企業

4 財政と国民の福祉

教科書　p.162〜p.169

要点整理

1 私たちの生活と財政

①財政の仕組み

・財政：国・地方公共団体(政府)の経済的な活動

・政府の収入と支出…収入：税金(租税《そぜい》)→支出：社会保障や公共事業

・予算：１年間の政府の収入(歳入《さいにゅう》)と支出(歳出《さいしゅつ》)の計画

②さまざまな税金

・国税：国に納める税金／地方税：地方公共団体に納める税金

・直接税：納税者と担税者が同じ税金→所得税，法人税，相続税など

・間接税：納税者と担税者が異なる税金→消費税，酒税など

③税金の公平性

・間接税は，所得が低い人ほど，所得にしめる税金の割合が高くなる(逆進性)

・累進《るいしん》課税：所得が高い人ほど，税率を高くする課税方法

2 財政の役割と課題

①市場《しじょう》経済と政府／②財政政策

・政府の役割…道路などの社会資本(インフラ)の整備や，学校教育や社会保障などの公共サービスの提供／国民が安定した生活を送れるようにする／景気の安定を図《はか》る

・財政政策：歳入と歳出を通じて景気の安定を図る役割→不景気のとき…社会資本の整備→支出(公共投資)の増加，減税／好景気のときは逆

③公債《こうさい》の発行／④これからの財政

・公債(国は国債《こくさい》，地方公共団体は地方債《ちほうさい》)…政府が税金だけではお金が足りない場合に発行し，買ってもらう→借金

超重要 累進課税：所得が高い人ほど税率が高くなる課税の方法

でる！ ❶財政と予算の内容を覚えておこう。❷直接税と間接税の内容とそのちがいはよく出るよ。❸公債の内容をつかんでおこう。❹日本の社会保障の四つの柱の内容は重要だよ。

・多くの先進工業国の財政は赤字→巨額《きょがく》の公債→「大きな政府」か「小さな政府」か難しい選択《せんたく》

3 社会保障の仕組み

①社会保障の役割とおこり

・社会保障制度の誕生《たんじょう》…生活ができないときに，国が生活を保障する

②日本の社会保障の四つの柱

・憲法が定める生存権の考え方に基《もと》づく社会保障制度：社会保険，公的扶《ふ》助《じょ》，社会福祉《ふくし》，公衆衛生

・社会保険：医療《いりょう》保険と年金保険，介護《かいご》保険／公的扶助：生活費などの支給／社会福祉：社会的弱者を支援《しえん》／公衆衛生：健康や安全な生活を守る

4 少子高齢《こうれい》化と財政

①少子高齢化と社会保障／②社会保険の課題

・少子高齢化…支払《しはら》い額と保険料が増加，税金からの負担も増加

・介護《かいご》保険制度：40歳《さい》以上が加入，必要なときに介護サービスを受ける

・後期高齢者医療制度：75歳以上の高齢者(後期高齢者)が，他の世代とは別の医療保険に加入

③福祉社会の実現に向けて

・高福祉高負担，低福祉低負担→社会保障の充実《じゅうじつ》と経済成長の両立が課題

関連用語

納税者　税金を納める義務のある人。

担税者　税金を実際に負担している人。

社会資本　国や地方公共団体によって供給されるもので，社会全体が必要とする道路・鉄道・港湾《こうわん》・公園・図書館・上下水道などの施設《しせつ》。

公債　国や地方公共団体が，財政支出を税収などでまかないきれないとき，必要な資金を調達するために発行する債券《さいけん》(お金を借りたときに発行する証明書)。

要点チェック

□国や地方公共団体(政府)が収入を得て，それを支出する経済活動は何か。	財政
□生活に必要な仕事を政府に任せる代わりに，その費用として国民が負担しているものは何か。	税金(租税《そぜい》)
□納税者と担税者が同じ税金は何か。	直接税
□納税者と担税者が異なる税金は何か。	間接税
□納税者と担税者が異なる税金のうち，国税で一番割合を多くしめている税は何か。	消費税
□所得が低い人ほど，所得にしめる税金の割合が高くなる傾向《けいこう》(逆進性)がある税金は何か。	間接税
□所得税や相続税などの直接税で採られている，所得が高い人ほど，税率(所得や財産などに対する税金の割合)を高くする課税方法は何か。	累進《るいしん》課税
□税制は，複数の税金をうまく組み合わせることで，全体として，何を保たなければならないか。	公平性
□民間企業《きぎょう》だけが担うのは困難なため，政府が税金を使って整備する道路などの施設《しせつ》を何というか。	社会資本(インフラ)
□政府が提供する学校教育や社会保障などのサービスを何というか。	公共サービス
□歳入や歳出を通じて景気の安定を図る政府の役割とは何か。	財政政策
□政府による社会資本の整備などへの支出とは何か。	公共投資
□政府が，社会資本の整備などへの支出を増加させて，民間企業の仕事を増やしたり，減税によって企業や家計のお金を増やして，社会全体の消費を活発にしたりするのは，好景気のときか，不景気のときか。	不景気のとき

□政府が，税金だけではお金が足りない場合に，買ってもらう形で発行する債券《さいけん》は何か。	公債《こうさい》
□国が発行する公債《こうさい》を何とよぶか。	国債《こくさい》
□国民が生活できないとき，国が生活を保障するという考え方から生まれた制度は何か。	社会保障制度
□第二次世界大戦後，全国民を対象にした，「ゆりかごから墓場まで」を目指す社会保障制度を初めて確立させた国はどこか。	イギリス
□日本の社会保障制度は，日本国憲法が定めている何権の考え方に基《もと》づいているか。	生存権
□日本の社会保障制度の四つの基本的な柱は，社会保険，社会福祉《ふくし》，公衆衛生ともう一つは何か。	公的扶助《ふじょ》
□人々が毎月保険料を負担し合い，病気や高齢《こうれい》の人々に給付する制度は何か。	社会保険
□日本で1960年代に実現した，全ての国民が医療《いりょう》保険と年金保険に加入することを何というか。	国民皆《かい》保険，国民皆年金
□最低限の生活ができない人々に対して，生活保護法に基づいて生活費や教育費などを支給する制度は何か。	公的扶助《ふじょ》
□高齢者や障がいのある人々，子どもなど，社会の中で弱い立場になりやすい人々を支援する仕組みは何か。	社会福祉
□生活環境《かんきょう》の改善や感染症《かんせんしょう》の予防などで，人々の健康や安全な生活を守る役割を果たしている活動は何か。	公衆衛生
□75歳以上の高齢者（後期高齢者）が，他の世代とは別の医療保険に加入する制度とは何か。	後期高齢者医療制度
□スウェーデンのように，社会保障を充実《じゅうじつ》させる代わりに，税金などの国民の負担を大きくする高福祉高負担の政府は，何とよばれているか。	大きな政府

5 これからの経済と社会

教科書　p.170〜p.178

要点整理

1 公害の防止と環境《かんきょう》の保全

①公害の発生

・公害…高度経済成長の時期の日本で，大気汚染《おせん》や水質汚濁《おだく》，土壌《どじょう》汚染，騒音《そうおん》などによって，各地で地域の住民の健康や生活が損《そこ》なわれた

・四大公害病：熊本県と新潟県の水俣《みなまた》病，富山県のイタイイタイ病，三重県の四日市《よっかいち》ぜんそく

②公害対策の進展

・公害対策を求める住民運動→公害対策基本法の制定，環境庁(現在の環境省)の創設

③新たな公害と地球環境問題

・新たな公害問題に対応するため，公害対策基本法を発展させた環境基本法を制定

・地球規模の環境問題…地球温暖化や熱帯雨林の減少，砂漠《さばく》化→解決への取り組み

・企業《きぎょう》も省資源・省エネルギー型の製品の開発を進める

④循環《じゅんかん》型社会に向けて

・3R：リデュース，リユース，リサイクル→循環型社会を実現

2 経済の持続可能性と真の豊かさ

①経済成長と豊かさ

・グローバル化で競争が激しくなる→雇用《こよう》や収入が不安定になり，先進工業国でも貧困《ひんこん》や格差が大きな問題になっている

・「本当の豊かさとは何か」という問い…人々の生活水準が一定程度にまで

超重要　地球温暖化などの地球環境問題解決の取り組みが必要

でる!

❶公害の内容，公害への取り組みを覚えておこう。❷「水俣病」などの四大公害病の名称と被害地域はよく出るよ。❸3R，国内総生産(GDP)，コンパクトシティとは何か，理解できたかな。

上がる→国内総生産(GDP)や個人の収入が増加しても，生活の満足度があまり上昇《じょうしょう》しない→お金にかえられない要素から豊かさを感じる

②地域の持続可能な発展

・人口減少…日本が直面している大きな問題／日本各地の地域経済や財政が衰退《すいたい》／地方公共団体が消滅《しょうめつ》する可能性もある

・コンパクトシティ…地域が持続するための対応策→都市の中心にある市街地や，鉄道などの駅がある地域に，住宅地や病院，図書館などの社会資本を集め，効率的に利用する考え方→人口密度が高まり，人々の交流も盛んになることで，地域経済が活性化し，都市の活力が維持《いじ》できる

・一人あたりの労働生産性を上げることも人口減少の社会では重要

③住民が中心のまちづくり

・人口減少の利点…都市の過密問題を和《やわ》らげ，広い家に住んだり，自然の中で健康的に生活したりすることができる

もっと公民　公害のない社会へ—水俣《みなまた》市を例に考える　(教科書) p.178

①水俣病とは？／②新しい都市づくりへ／③教訓を世界へ

・企業の工場が有明海《ありあけかい》に流した排水《はいすい》で多くの住民に多大な被害《ひがい》

・先進的な環境対策を実行→「環境モデル都市」に選定

・「水銀に関する水俣条約」→教訓が国際的に生かされた

関連用語

3R　廃棄物の発生を抑制する(リデュース＝Reduce)，まだ使えるものを再使用する(リユース＝Reuse)，ごみを再生利用する(リサイクル＝Recycle)の頭文字を採ったものである。

循環型社会　自然から採取する資源を有効に活用し，廃棄物を最小限におさえようとする社会。

国内総生産(GDP)　ある国や地域の中で一定期間に生産された，財やサービスの付加価値の合計。

要点チェック

□大気汚染《おせん》，水質汚濁《おだく》，土壌《どじょう》汚染などにより，地域住民の健康や生活が損《そこ》なわれることを何というか。	公害
□新潟県阿賀野川《あがのがわ》流域で，工場からの排水《はいすい》による水質汚濁によって引き起こされた公害病は何か。	新潟水俣《みなまた》病
□三重県四日市《よっかいち》市で，石油化学コンビナートなどからの排煙《はいえん》による大気汚染によって引き起こされた公害病は何か。	四日市ぜんそく
□富山県神通川《じんづうがわ》流域で，鉱山からの排水による水質汚濁によって引き起こされた公害病は何か。	イタイイタイ病
□熊本県・鹿児島県の八代海《やつしろかい》沿岸で，工場からの排水による水質汚濁によって引き起こされた公害病は何か。	水俣病
□公害対策を求める世論の高まりとともに，各地で展開された行動を何というか。	住民運動
□1971年に，公害対策や自然環境《かんきょう》の保護を専門的にあつかう省庁として創設された省庁は何か。	環境庁
□騒音《そうおん》や排気《はいき》ガス，ごみといった，人々の生活の中で発生する公害や，廃棄物《はいきぶつ》処理施設《しせつ》が排出したダイオキシンによる土壌汚染などの，新たな公害問題に対応するために，1993年に，公害対策基本法を発展させて制定された法律は何か。	環境基本法
□近年，地球規模の環境問題として大きな問題になっている，地球全体の気温が高くなっていく環境問題とは何か。	地球温暖化
□環境問題の解決のために，企業《きぎょう》が開発を進めているのはどのような製品か。	省資源・省エネルギー型の製品

□不要な包装や容器，使い捨て商品を使わずにごみを減らすことを何というか。	リデュース
□使えるものを何度も使用することを何というか。	リユース
□ごみを資源として活用することを何というか。	リサイクル
□自然から採取する資源を有効に活用し，廃棄物を最小限におさえる社会を何というか。	循環《じゅんかん》型社会
□2000年に，循環《じゅんかん》型社会を目指して制定された法律は何か。	循環型社会形成推進基本法
□リサイクルの商品や，被災《ひさい》地の商品，フェアトレードの商品など，環境や社会，人に配慮《はいりょ》した商品を選んで消費することを何というか。	エシカル消費
□2002年に，愛知県名古屋《なごや》市にある藤前干潟《ふじまえひがた》が登録された，国際的に重要な湿地《しっち》を守るための条約は何条約か。	ラムサール条約
□ある国や地域の中で一定期間に生産された，財やサービスの付加価値の合計を何というか。	国内総生産（GDP）
□経済協力開発機構（OECD）が作成した「豊かさ」に関する指標で，「健康・医療《いりょう》」「環境」「雇用《こよう》」など11の項《こう》目《もく》を基《もと》に算出されるものは何か。	より良い暮らし指標
□日本が直面している大きな課題の一つで，これから急速に進むと予想されている問題は何か。	人口減少
□都市の中心にある市街地や，鉄道などの駅がある地域に，住宅地や病院，図書館などの社会資本を集め，効率的に利用する考え方を何というか。	コンパクトシティ
□水俣《みなまた》病の被害者の患者《かんじゃ》への差別や偏見《へんけん》，市民どうしの対立など，さまざまな課題をかかえた水俣市が，地域社会の絆《きずな》を取り戻すために取り組んだ活動を何というか。	もやい直し

得点アップ　◉定期テスト対策問題①◉

1　消費生活と経済について，次の問いに答えなさい。

(1)　次の文中の①～⑥の(　　)に当てはまる語句を，あとの**ア～カ**から選び，記号で答えなさい。

◎家族や個人といった，消費生活の単位を(　①　)という。会社員や公務員は(　②　)が，農家や個人の商店は事業の(　③　)が，主な①の(　④　)になる。食品や衣類などの(　⑤　)と，税金や社会保険料などの非消費支出を④から引いた残りを(　⑥　)という。

ア　家計　　**イ**　給料　　**ウ**　消費支出　　**エ**　収入
オ　貯蓄《ちょちく》　　**カ**　利益

①(　ア　)　②(　イ　)　③(　カ　)　④(　エ　)　⑤(　ウ　)　⑥(　オ　)

(2)　消費者が自分の意思と判断で，適切な商品を自由に選んで購入《こうにゅう》することを何というか答えなさい。　(　消費者主権　)

(3)　日本で，欠陥《けっかん》商品で消費者が被害《ひがい》を受けたときの企業《きぎょう》の責任について定めた法律名を答えなさい。　(　製造物責任法(PL法)　)

(4)　商品が，卸売《おろしうり》業者や小売《こうり》業者によって消費者に届くまでの流れを，商品の何というか答えなさい。　商品の(　流通　)

(5)　資金が豊富な百貨店やスーパーマーケットなどの大規模な小売業者は，商品を生産者から直接仕入れ，流通の費用の削減《さくげん》をしている。このような動きを何というか答えなさい。　(　流通の合理化　)

2　生産と労働について，次の問いに答えなさい。

(1)　次の文中の①～④の(　　)に当てはまる語句を答えなさい。

◎現代の経済では(　①　)が生産を担当し，(　②　)を得ることを目的に生産活動を行っている。②を生み出す元となる資金は(　③　)とよばれ，このような経済の仕組みを(　④　)とよんでいる。

①(　企業　)　②(　利潤《りじゅん》　)　③(　資本　)　④(　資本主義経済　)

⑵　公共の目的のために活動する企業を何というか答えなさい。

（　公企業　）

⑶　日本全体の企業数の99％以上，売上高の約43％，従業員数の約70％をしめているのは大企業《だいきぎょう》と中小企業《ちゅうしょうきぎょう》のうち，どちらの企業か答えなさい。

（　中小企業　）

⑷　右の図を見て，次の問いに答えなさい。

①　図中のAは，法人企業の代表的な形態である。Aの形態名を答えなさい。

（　株式会社　）

②　図中のB～Eに当てはまる語句を，次のア～エから選び，記号で答えなさい。

ア　株式　　イ　株主
ウ　株主総会　　エ　配当

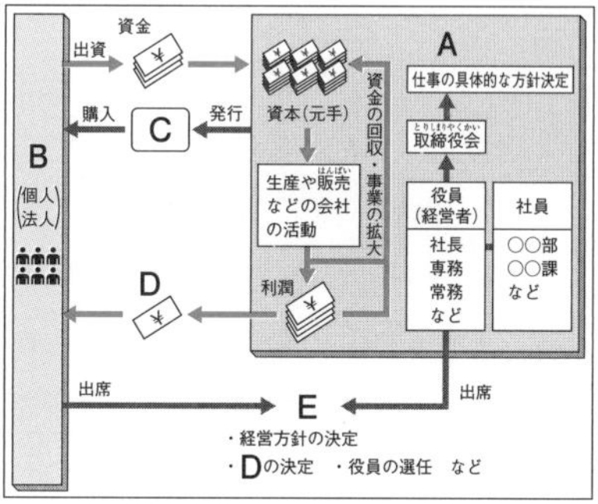

A の仕組み

B（　イ　）　C（　ア　）　D（　エ　）　E（　ウ　）

③　企業の発行した図中のCは売買することができる。このCを売買する特定の場所を何というか答えなさい。　（　証券取引所《とりひきじょ》　）

⑸　労働者の権利を保障した労働三法のうち，「労働者と使用者は対等の立場で労働条件を決定する」，「男女同一賃金」，「少なくとも週１日の休日」などを定めた法律名を答えなさい。　（　労働基準法　）

⑹　労働時間を短縮し，育児や介護《かいご》のための休暇《きゅうか》を充実《じゅうじつ》させることで，性別や年齢に関わりなく，仕事と個人の生活とを両立できる働き方を何というか答えなさい。　（　ワーク・ライフ・バランス　）

⑺　現在，日本の労働者の約４割が，アルバイト，パート，派遣《はけん》労働者，契約《けいやく》労働者などである。これらの労働者を何というか答えなさい。

（　非正規労働者　）

得点アップ　◉定期テスト対策問題②◉

❶ 価格の働きと金融《きんゆう》について，次の問いに答えなさい。

⑴　さまざまな市場《しじょう》が生活のすみずみにまで行きわたっている経済を何とよぶか答えなさい。　（　市場経済　）

⑵　右のグラフを見て，次の問いに答えなさい。

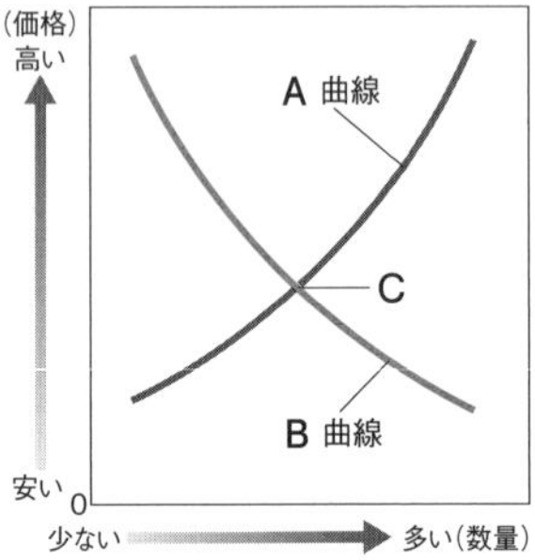

①　グラフ中のA，Bに当てはまる語句を，次のア，イから選び，記号で答えなさい。

ア　供給　　　**イ**　需要《じゅよう》

A（　ア　）　B（　イ　）

②　グラフ中のCは，市場の均衡《きんこう》状態を成立させる価格である。この価格を何というか答えなさい。　（　均衡価格　）

③　商品の需要量が供給量を上回っている場合，価格はどうなるか答えなさい。　（　上がる　）

⑶　独占《どくせん》状態の場合に一つの企業《きぎょう》が独断で決める価格を何というか答えなさい。　（　独占価格　）

⑷　独占禁止法に基《もと》づいて，監視《かんし》や指導を行っている行政機関名を答えなさい。　（　公正取引《とりひき》委員会　）

⑸　電気やガス，水道などの価格の変動は，国民の生活に大きな影響《えいきょう》をあたえるため，その価格（料金）は，国や地方公共団体が決定や認可《にんか》をしている。この価格（料金）を何というか答えなさい。　（　公共料金　）

⑹　日本の中央銀行であり，発券銀行，政府の銀行，銀行の銀行とよばれているのはどこか。その銀行名を答えなさい。　（　日本銀行　）

⑺　不景気のときには，日本銀行が銀行から国債を買い，その代金として日本銀行内に銀行が持つ預金を増やし，お金を貸し出すようながして景気を回復させる方策を何というか答えなさい。　（　量的緩和《かんわ》政策　）

2 財政と福祉《ふくし》，社会問題について，次の問いに答えなさい。

⑴ 右のグラフを見て，次の問いに答えなさい。

① 右の歳入《さいにゅう》のグラフの税金(租税《そぜい》)のなかで，直接税の1位と2位を答えなさい。

1位(　所得税　)
2位(　法人税　)

② 歳入のグラフから間接税を選び，その租税名を答えなさい。

(　消費税　)

③ グラフ中のA～Dに当てはまる語句を，次のア～エから選び，記号で答えなさい。

A(　ア　)　B(　ウ　)
C(　イ　)　D(　エ　)

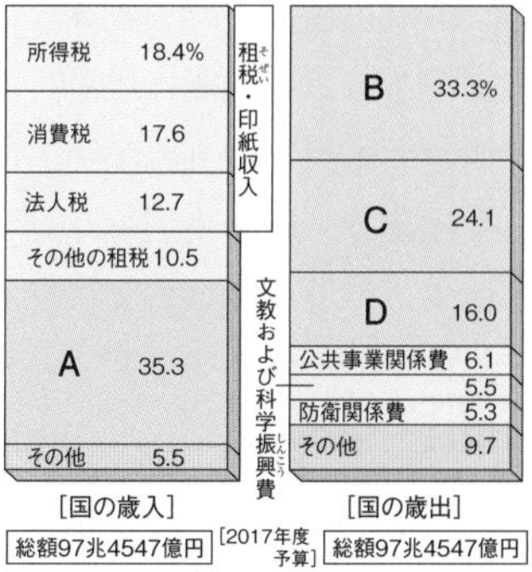

国の一般《いっぱん》会計予算　(財務省資料)

ア 公債《こうさい》金　**イ** 国債費　**ウ** 社会保障関係費
エ 地方交付税交付金など

⑵ 歳入や歳出《さいしゅつ》を通じて景気の安定を図る政府の役割を，何というか答えなさい。　(　財政政策　)

⑶ 政府が社会資本の整備などへの支出を増加させたり，減税をしたりするときは，景気はどんな状態なのか答えなさい。　(不景気(不況《ふきょう》))

⑷ 日本の社会保障制度で，最低限の生活ができない人々に対して，生活保護法に基づいて生活費や教育費などを支給する仕組みを何というか答えなさい。　(　公的扶助《ふじょ》　)

⑸ 40歳《さい》以上の人の加入が義務付けられ，介護《かいご》が必要なときに介護サービスを受けられる制度名を答えなさい。　(介護保険制度)

⑹ 高度経済成長期の日本で，大気汚染《おせん》，水質汚濁《おだく》，土壌《どじょう》汚染，騒音《そうおん》などによって，地域の住民の健康や生活が損《そこ》なわれたことを何というか答えなさい。　(　公害　)

1 国際社会の仕組み

教科書　p.182〜p.191

要点整理

1 国際社会における国家

①国家とは／②国旗と国歌

・国家…国民(その国に暮らす人々)，領域，主権で成り立つ

・主権国家：ほかの国に干渉《かんしょう》されたり支配されたりせずに，国内の政治や他国との外交をどのように行うか決める権利(＝主権)を持つ国

・主権平等の原則…他の主権国家とたがいに平等

・内政不干渉の原則…国内の問題について他国から干渉を受けることがない

・領域：国家の主権がおよぶ範《はん》囲《い》＝領土，領海(沿岸から12海里)，領空(領土と領海の上空で，大気圏《けん》内)

・排《はい》他《た》的経済水域(領海の外の水域→沿岸から200海里)と大陸棚《たいりくだな》…魚などの漁業資源や，石油などの鉱産資源を開発する権利が認められている

・公海：排他的経済水域の外→公海自由の原則

・南極大陸と宇宙空間…どの国も領域にできないと決められている

・国旗と国歌：主権国家の象徴《しょうちょう》→日本の国旗(日章旗)，国歌「君が代」

③国際法の役割と国際協調

・国際法：国どうしの条約や，長い間の慣行が法となった公海自由の原則など

　・国際社会全体で利益を共有する国際協調にも重要な役割を果たす

・国際司法裁判所…国どうしの争いを国際法に基《もと》づいて解決する

2 領土をめぐる問題の現状―問題の解決に向けて

①日本が直面している問題

・竹島《たけしま》問題…サンフランシスコ平和条約で，日本が放《ほう》棄《き》した領土に竹島はふくまれていない→韓国《かんこく》が不法に占拠《せんきょ》

超重要　安全保障理事会の５か国の常任理事国は拒《きょ》否《ひ》権を持つ

でる!

❶国家の成立条件を覚えておこう。❷日本の現在の領土問題について内容をつかんでおこう。❸国際連合の「安全保障理事会」はよく出るよ。❹先進工業国と発展途上《とじょう》国との経済格差は重要だよ。

・日本政府は，国際司法裁判所に判断を委《ゆだ》ねる→韓国は拒否

・**北方領土**問題…ソビエト社会主義共和国連邦《れんぽう》（ソ連）が，太平洋戦争で日本が降伏《こうふく》した後に占領《せんりょう》→ソ連を引き継いだロシアが不法に占拠した状態

・ロシアとの間で北方領土の返還交渉《へんかんこうしょう》をねばり強く続けている

・**尖閣《せんかく》諸島**…日本が放棄した領土にはふくまれていない→アメリカの統治下に置かれた→1972年に日本に返還された地域にふくまれていた

・中国と台湾《たいわん》…尖閣諸島に対する領有権を主張→中国は日本の領海に侵入《しんにゅう》

・日本は中国の行為《こうい》に抗議《こうぎ》するとともに，領海や領空の警備を強化

3 国際連合の仕組みと役割

①平和の実現のための国際連合／②国際連合の仕組み

・1945年，国際連合憲章が採択《さいたく》→**国際連合（国連）**の創設

・国連の加盟国数は，193か国（2018年現在）で，本部はニューヨーク

・主な機関…**総会**，**安全保障理事会**（安保理《あんぽり》），国際司法裁判所，事務局など

・**専門機関**…国連教育科学文化機関（UNESCO《ユネスコ》），世界保健機関（WHO）など

・総会…全ての加盟国で構成，毎年９月から開かれる

・安保理の目的：世界の平和と安全を維持《いじ》する

・安保理の構成…アメリカ，ロシア連邦，イギリス，フランス，中華《ちゅうか》人民共和国（中国）の**常任理事国**５か国と，総会で選ばれる任期２年の**非常任理事国**10か国とで構成→常任理事国は**拒否《きょひ》権**を持つ→重要な問題は常任理事国が１か国でも反対すると決定できない

③国際連合の役割

・国連の最大の役割…世界の平和と安全の維持→安保理の決定に基づいて平和を乱す侵略《しんりゃく》などをした国に制裁を加える（集団安全保障）

・停戦や選挙の監視《かんし》など…**平和維持活動（PKO）**→日本も参加している

・もう一つの大きな役割…経済や文化，環境《かんきょう》，人権などの分野で国際的な協力を進める→専門機関や，そのほかの国際機関，NGOなどと連携

・持続可能な開発の実現→2015年に**持続可能な開発目標(SDGs《エスディージーズ》)**を定めた

4 地域主義の動き

①グローバル化と地域主義

・現在の国際社会…グローバル化が進み，それぞれの国が**相互依存《そうごいぞん》**の関係

・**地域主義**(リージョナリズム)：特定の地域でいくつかの国々がまとまり，経済や環境，安全保障などの分野で協力関係を強めようとする動き

②世界の地域主義の動き

・**ヨーロッパ連合(EU)**…1993年に発足《ほっそく》→経済面から政治や外交の分野まで

・EUの中央銀行が創られ，多くの加盟国が共通通貨の**ユーロ**を導入

・**東南アジア諸国連合(ASEAN《アセアン》)**…地域の安定と発展を目指して発足した→ASEANに日本，中国，大韓《だいかん》民国(韓国《かんこく》)などを加えた会議も活発に行われている

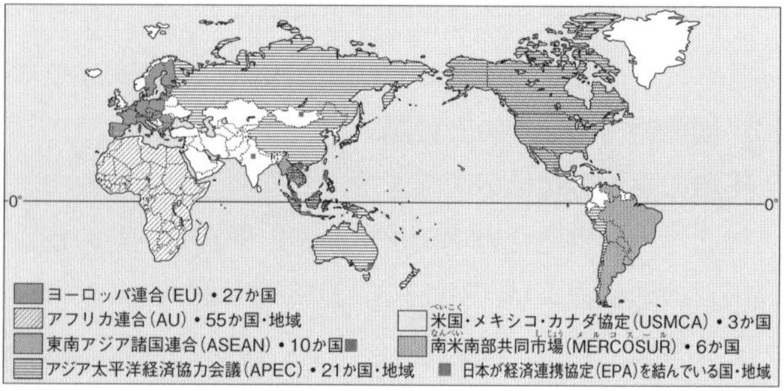

世界の主な地域主義の動き(2020年7月現在)

・**アジア太平洋経済協力会議(APEC《エイペック》)**：アジア太平洋地域で開かれる会議→日本も参加

・環《かん》太平洋経済連携《れんけい》協定(TPP11)：貿易の自由化など，経済関係を強化する協定→日本も参加

・特定の国と国との間で自由貿易協定(FTA)や経済連携協定(EPA)を結ぶ→貿易の自由化などを進める努力

超重要 経済格差の問題：南北問題と発展途上《とじょう》国間の南南問題

③地域主義の課題

・EUの課題…加盟国間の経済格差の拡大／決定の方法が複雑になったため，一般《いっぱん》の人々の意見が反映されにくくなった

・自国中心の主張が見られる

5 新興国の台頭と経済格差

①南北間の経済格差／②新興国の台頭と南南問題

・南北問題：限られた農産物や鉱産資源の輸出にたよるモノカルチャー経済からぬけ出せない**発展途上国**(南に多い)と，**先進工業国**(北に多い)との間に大きな経済格差

・**新興国**：途上国の中から，急速に経済成長した国

　・**新興工業経済地域(NIES《ニーズ》)**：1960年代以降に急速に工業化した韓国，台湾《たいわん》，ホンコン(香港)，シンガポールなど

　・西アジアの国々…石油や天然ガスなどの鉱産資源を豊富に産出

　・**BRICS《ブリックス》**…2000年代，広大な国土や多くの人口，豊富な資源を背景に，急速に経済成長→ブラジル，ロシア連邦《れんぽう》，インド，中国，南アフリカ共和国の５か国

・主要国首脳会議(サミット)…以前は先進国を中心とする８か国とEUとが開くG8《エイト》が中心→1999年以降は，G20《トゥウェンティ》の影響《えいきょう》力も大きくなっている

・**南南問題**：途上国の間での経済格差

③自立した経済発展を目指して

・先進国間の経済的な競争→激しくなって国際関係がより複雑化

・途上国が自立した経済発展を実現→望ましい援助《えんじょ》や国際協力を考える

関連用語

世界保健機関(WHO)　「全ての人に健康を」を目的とし，主に発展途上国で，医療《いりょう》や衛生などの活動をしている国連の専門機関の一つ。本部はスイスのジュネーブにある。

主要国首脳会議(サミット)　石油危機をきっかけに，1975年に開始し，世界の経済や政治などについて話し合われている。もともとは先進国首脳会議とよばれていたが，1998年にロシア連邦が加わり，現在の呼称《こしょう》となった。

要点チェック

□ほかの国に干渉《かんしょう》されたり支配されたりせずに，国内の政治や他国との外交をどのように行うかを決める権利とは何か。	主権
□上の権利を持っている国を何というか。	主権国家
□領土，領海，領空で構成される国家の主権がおよぶ範囲《はんい》は何か。	領域
□領海の外側の沿岸から200海里までの水域で，漁業資源や，鉱産資源を開発する権利が沿岸国に認められている水域は何か。	排他《はいた》的経済水域
□どの国の船でも自由に航行し，漁業ができる水域は何か。	公海
□どの国も領域にできないのは，宇宙空間とどこか。	南極大陸
□1999年，日本が法律で定めた国旗は何か。	日章旗
□1999年，日本が法律で定めた国歌は何か。	「君が代」
□国どうしの条約や，長い間の慣行が法となった公海自由の原則などの総称《そうしょう》は何か。	国際法
□日本固有の領土をめぐって，ロシアに不法に占拠《せんきょ》され，抗議《こうぎ》を続けているのはどこか。	北方領土
□領土問題は存在しない一方で，中国《ちゅうごく》や台湾《たいわん》が領有権を主張している日本固有の領土はどこか。	尖閣《せんかく》諸島
□世界の平和と安全を実現するために，1945年に創設された国際機関は何か。	国際連合（国連）
□国連の全ての加盟国で構成され，毎年９月から開かれている主要機関の一つは何か。	総会
□文化面で世界平和に貢献《こうけん》することを目的に，世界遺産などの文化財の保護や，識字教育などの活動をし	国連教育科学文化機関

ている国連の専門機関の一つは何か。	（UNESCO《ユネスコ》）
□「全ての人に健康を」を目的とし，主に発展途上《とじょう》国で，医療《いりょう》や衛生などの活動をしている国連の専門機関の一つは何か。	世界保健機関（WHO）
□アメリカ，ロシア連邦《れんぽう》，イギリス，フランス，中華《ちゅうか》人民共和国（中国）の常任理事国５か国と，任期２年の非常任理事国10か国とで構成されている国連の主要機関の一つは何か。	安全保障理事会（安保理《あんぽり》）
□安保理《あんぽり》で，常任理事国が持ち，重要な問題は１か国でも反対すると決定できないものは何か。	拒否《きょひ》権
□国連が紛争《ふんそう》が起こった地域で，停戦や選挙の監視《かんし》などを行う活動は何か。	平和維持活動（PKO）
□特定の地域でいくつかの国々がまとまり，経済や環《かん》境《きょう》，安全保障などの分野で協力関係を強めようとする動きを何というか。	地域主義（リージョナリズム）
□ヨーロッパで，経済面の統合だけでなく政治や外交の分野にまで拡大し，1993年に発足《ほっそく》した組織は何か。	ヨーロッパ連合（EU）
□1967年に発足し，東南アジアの経済や政治，安全保障などの分野で協力を進めている組織を何というか。	東南アジア諸国連合（ASEAN《アセアン》）
□限られた農産物や資源の生産と輸出によって成り立つ，一部の途上国に見られる経済は何か。	モノカルチャー経済
□発展途上国と先進工業国の間の大きな経済格差を何とよぶか。	南北問題
□1960年代以降に急速に工業化した韓国，台湾，ホンコン（香港），シンガポールなどの国や地域は何とよばれているか。	新興工業経済地域（NIES《ニーズ》）
□産業の発展や資源の開発が後《おく》れている途上国と，ほかの途上国の間の経済格差を何とよぶか。	南南問題

2 さまざまな国際問題

教科書　p.192〜p.203

要点整理

1 地球環境《かんきょう》問題

①危機的な地球環境／②地球温暖化と気候変動

- 地球環境問題…森林の伐採《ばっさい》による砂漠《さばく》化の拡大／自動車の排気《はいき》ガスや工場のばい煙《えん》などによる大気汚染《おせん》や酸性雨の発生／フロンガスによるオゾン層の破壊《はかい》
- **地球温暖化**の原因…大気中に二酸化炭素(CO_2)などの**温室効果ガス**が増えること
- 気候変動の影響《えいきょう》…農作物が育たなくなる／干ばつや洪水《こうずい》などの自然災害／海面の上昇《じょうしょう》による沿岸部の低地の水没《すいぼつ》の心配など

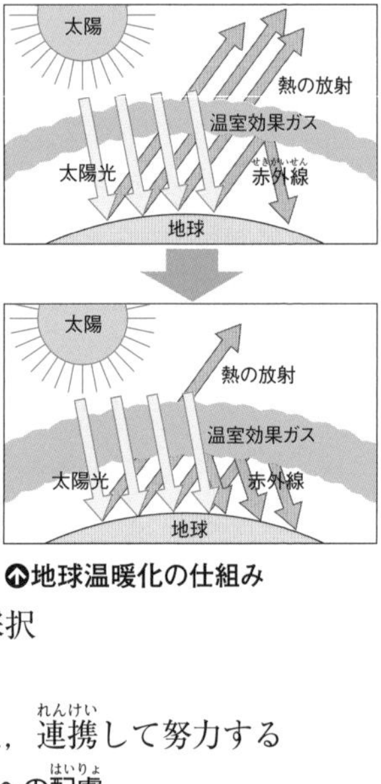

↑地球温暖化の仕組み

③国際社会の取り組み

- **国連環境開発会議**(**地球サミット**)…気候変動枠組《わくぐみ》条約や生物多様性条約の調印
- 1997年,気候変動枠組条約の締約《ていやく》国会議(COP《コップ》)として地球温暖化防止京都《きょうと》会議を開催《かいさい》し,**京都議定書**を採択《さいたく》。2015年には**パリ協定**を採択

④地球環境問題の解決に向けて

- 地球環境問題を世界共通の課題としてとらえ，連携《れんけい》して努力する

2 資源・エネルギー問題—限りある資源と環境への配慮《はいりょ》

①限りある資源

- 世界のエネルギー消費量の８割以上が**化石燃料**(2016年現在)
- 世界のエネルギー消費量は増え続け，近年は途上《とじょう》国で消費量が急増

超重要 地球温暖化：温室効果ガスの濃度《のうど》上昇による地球の平均気温の上昇

でる!

❶地球温暖化の原因やその影響を覚えておこう。❷日本のエネルギー事情と原発事故についてつかんでおこう。❸「貧困《ひんこん》」，「飢餓《きが》」はよく出るよ。❹地域紛争《ふんそう》やテロリズムは重要だよ。

②日本のエネルギー消費の状況《じょうきょう》／③これからの日本のエネルギー

- 日本のエネルギー消費量…産業が約半分→家庭の消費量が増加
- 日本の電力…**水力発電**，**火力発電**，**原子力発電**で供給されてきた→発電に使われる資源の約92%を輸入にたよる→化石燃料の価格は上昇傾向《けいこう》
- 原子力発電の利点…海外から燃料を安定して供給／少ない燃料で多くの電力／発電時に二酸化炭素を排出しない
- 原子力発電の問題点…東日本大震災《だいしんさい》による原子力発電所の事故で，大量の放射性物質の放出→周辺住民が長期間の避難《ひなん》生活，地元産業が風評被《ひ》害《がい》になやまされる／放射性廃棄物《はいきぶつ》の最終処分場をどこに設けるか
- 日本では電力確保の在り方について，改めて議論
- **再生可能エネルギー**：太陽光や風力，地熱，バイオマスなど

もっと公民　これからの日本のエネルギーを考える　（教科書）p.196〜197

①戦後日本のエネルギー政策／②原発事故の影響とエネルギー政策の見直し

- 1960年代になって，石油が石炭を上回る→原子力発電は「電源三法」で急速に拡大→京都議定書の採択《さいたく》後，再生可能エネルギーの普及《ふきゅう》を後おしする政策
- 原発事故を受けて日本のエネルギー政策を見直す

③世界のエネルギー政策／④これからの日本のエネルギー

- ドイツでは「脱《だつ》原発」の方針→フランスは原発を維持《いじ》しながら，割合を減らす方針→アメリカ，中国，インドなどは原発を増設する方針
- 日本は，持続可能なエネルギー政策の在り方を考える必要がある

3 貧困問題 ― 公正な世界を創る

①人口の急増と貧困

- 世界人口は急増し，約77億人（2019年現在）→2050年には97億人に

・人口増加率の高い地域…アジア，アフリカなどの途上《とじょう》国→2050年には途上国の人口が世界の約86%をしめる→多くの人々が貧困《ひんこん》に直面
・先進国でも貧富《ひんぷ》の差が拡大→生活に困る人々が増加

②世界の貧困問題

・約８億人もの人々が１日1.9ドル未満での生活をする**貧困**や**飢餓《きが》**の状態(2013年現在)…特に深刻な貧困がサハラ砂漠《さばく》より南のアフリカ

③途上国の人々の自立に向けて

・国連は2015年に,「持続可能な開発目標(**SDGs**《エスディージーズ》)」を定めた…2030年までに達成すべき17の目標を示す
・**フェアトレード**(公正貿易)：途上国の人々が生産した農産物や製品を，その労働に見合う公正な価格で貿易する→先進国の人々が購入《こうにゅう》
・**マイクロクレジット**(少額融資《ゆうし》)：貧しい人々が事業を始めるために，少額のお金を貸し出す
・将来の世代の貧困をなくす→途上国の子どもたちに，十分な教育の機会を保障

4 新しい戦争 ― 平和な世界に向けて

①地域紛争《ふんそう》

・「戦争」…冷戦終結までは，主に国と国との戦いを意味していた→地域紛争やテロリズムなど「新しい戦争」が起こっている
・**地域紛争**：国内や，周辺の国を巻きこんだ形で起こる戦争
・地域紛争が増えている背景→アメリカとソビエト社会主義共和国連邦《れんぽう》(ソ連)という超大国《ちょうたいこく》が力で保っていたバランスがくずれた→途上国を中心に，各国で宗教や民族の対立が表面化した→貧富の差が拡大し，貧困や政治体制に対する不満を，武力で解決しようとする人々が増えた
・**民族紛争**…異なる民族や宗教を弾圧《だんあつ》したり排除《はいじょ》したりする

②テロリズム／③戦争のない世界を目指す取り組み

超重要 新しい戦争：地域紛争とテロリズム

・テロリズム(テロ)：武器などを持った集団が，敵対する勢力を攻撃《こうげき》したり，自爆《じばく》することで一般《いっぱん》の人々を無差別に死傷させたり，建造物を破壊《はかい》したりする行為《こうい》→背景には，宗教のちがいや貧困の問題などがある
・軍縮→核兵器《かくへいき》や化学兵器，生物兵器などの大量破壊兵器の廃絶《はいぜつ》
・核《かく》拡散防止条約…1968年に採択《さいたく》→核保有国以外の国が核兵器を持つことを禁止
・核兵器禁止条約…2017年に国連で採択→核保有国を中心に，多くの国が不参加
・対人地雷《じらい》全面禁止条約…1997年に採択

5 難民問題

①二度の世界大戦と難民

・二度の世界大戦は，世界各地で，多数の難民を生みだした
・国連難民高等弁務官事務所(UNHCR)…1950年に設立され，難民を保護する活動が始まった
・1951年，国連で，難民の地位に関する条約(難民条約)が採択された

②難民を生みだすさまざまな要因／③難民問題の解決に向けて

・生活をする場所をうばわれる要因：地域紛争や貧困，自然災害
・国内避難《ひなん》民や周辺国に移動する例→難民ではないが保護や支援《しえん》が必要
・UNHCRなどが，難民キャンプを設ける→食料や水，生活用品などの援助《えんじょ》
・国内避難民や，国境をこえて避難してくる難民への対応→十分な対応ができていない→移民への対応をめぐる意見の対立も起こっている
・地域紛争などの問題の根本的な解決が必要

関連用語

化石燃料　昔の地質時代の生物の遺がいが地中に埋もれ，炭化してできた石炭，石油，天然ガスなどの燃料。

原子力発電　ウランを核分裂《かくぶんれつ》させて熱エネルギーを放出させ，水を沸騰《ふっとう》させてその水蒸気でタービンを回すことで電力を得る発電方式。

バイオマス　生物由来のエネルギーのこと。バイオマス発電は，木くずや木質ペレットを燃やしたり，家畜《かちく》のふん尿《にょう》などを発酵《はっこう》させてメタンガスを発生させたりして発電する。

要点チェック

□自動車の排気《はいき》ガスや工場のばい煙《えん》などによって発生する地球環境《かんきょう》問題は，大気汚染《おせん》ともう一つは何か。	酸性雨
□地上から10〜50kmの成層圏《せいそうけん》にあるオゾンの濃度《のうど》が高い層で，太陽からの有害な紫外線《しがいせん》を吸収しているが，フロンが原因で破壊《はかい》が進んでいるのは何層か。	オゾン層
□地球温暖化の原因となっている二酸化炭素(CO_2)などのガスの総称《そうしょう》は何か。	温室効果ガス
□1992年にブラジルのリオデジャネイロで開かれ，気候変動枠組《わくぐみ》条約や生物多様性条約などが採択《さいたく》・調印された国際会議は何か。	国連環境《かんきょう》開発会議（地球サミット）
□1997年に京都市で開催《かいさい》された気候変動枠組条約第3回締約《ていやく》国会議(COP：地球温暖化防止京都会議)で採択された条約は何か。	京都議定書
□世界のエネルギー消費量の8割以上をしめている，石炭，石油，天然ガスなどの燃料を何というか。	化石燃料
□2011年に起きた大事故をきっかけに，その安全性や日本のエネルギー政策の在り方が大きな議論になっている。この問題になっている発電方法は何か。	原子力発電
□二酸化炭素を排出しない発電方法で利用される太陽光や，風力，地熱，バイオマスなどのエネルギーの総称は何か。	再生可能エネルギー
□2050年の世界の推定人口は何人か。	97億人
□途上《とじょう》国などで，人口増加に経済の発展が追いつかないために直面している深刻な問題は何か。	貧困《ひんこん》（問題）
□栄養不足が長く続き，生存に必要な最低限の生活が難しい状態を何というか。	飢餓《きが》

□2015年に国連で採択され，2030年までに達成すべき，貧困《ひんこん》や飢餓《きが》をなくしたり，教育を普及《ふきゅう》させたりする取り組みを示す17の目標を何というか。。

持続可能な開発目標（SDGs《エスディージーズ》）

□途上国の人々が生産した農産物や製品を，その労働に見合う公正な価格で貿易し，先進国の人々が購入《こうにゅう》することで，途上国の人々の生活を支えることを何というか。

フェアトレード（公正貿易）

□貧しい人々が新しい事業を始めるために，少額のお金を貸し出すことを何というか。

マイクロクレジット（少額融資《ゆうし》）

□旧ユーゴスラビアでの民族間の対立で起こった激しい紛争《ふんそう》や，アメリカの同時多発テロなどは何とよばれるか。

新しい戦争

□国内や，周辺の国を巻きこんだ形で起こる戦争を何というか。

地域紛争

□異なる民族や宗教を弾圧《だんあつ》したり排除《はいじょ》したりすることが原因で起こる地域紛争を何というか。

民族紛争

□武器などを持った集団が，敵対する勢力を攻撃《こうげき》したり，自爆《じばく》することで一般《いっぱん》の人々を無差別に死傷させたり，建造物を破壊《はかい》したりする行為を何というか。

テロリズム

□1968年に採択された，核《かく》保有国以外の国が核兵器を持つことを禁止する条約は何か。

核拡散防止条約

□「人種，宗教，国籍《こくせき》もしくは特定の社会的集団の構成員であることまたは政治的意見を理由に迫害《はくがい》を受けるおそれがあるという十分に理由のある恐怖《きょうふ》を有するために，国籍国の外にいる者であって，その国籍国の保護を受けることができない者またはそのような恐怖を有するためにその国籍国の保護を受けることを望まない者」を何というか。

難民

3 これからの地球社会と日本

教科書　p.204〜p.212

要点整理

1 世界と協力する日本

①日本の平和主義と国際貢献《こうけん》

・第二次世界大戦後の日本…**平和主義**と**国際貢献**が外交の重要な方針

・平和主義…日本国憲法の前文と第９条で，明確に示している

・非核《ひかく》三原則…唯一《ゆいいつ》の被爆《ひばく》国として非核三原則(持たず，作らず，持ちこませず)をかかげ，核兵器《かくへいき》の廃絶《はいぜつ》を訴《うった》え続けている

・国際貢献…政府開発援助(ODA)を中心に，お金だけでなく，人材育成や技術援助の面でも途上《とじょう》国の開発を支援《しえん》している

・地球環境《かんきょう》問題や地域紛争《ふんそう》などの解決…国際協力のための枠組《わくぐ》みづくりに貢献→「持続可能な開発のための2030アジェンダ(行動計画)」…持続可能な開発目標(SDGs《エスディージーズ》)の達成に向けて，積極的な取り組み

②日本の外交政策

・戦後の日本の外交…アメリカとの関係が重要→日米《にちべい》安全保障条約：日本とアメリカとの同盟→アジアをはじめとする世界の安定にも影響《えいきょう》

・近隣《きんりん》諸国との間で解決すべき課題…核兵器の開発やミサイルの発射など，問題の多い政策を取り続けてきた朝鮮《ちょうせん》民主主義人民共和国(北朝鮮)→日本人が北朝鮮に拉致《らち》された問題が解決していない

2 より良い地球社会を目指して

①地球社会の多様性

・さまざまな民族が暮らし，さまざまな文化が育まれている

・三大宗教：キリスト教，イスラム教，仏教→ほかにヒンドゥー教やユダヤ教など→**多様性**は，地球社会を豊かにしている

超重要　持続可能な社会を築くための意識と行動が重要

でる! ❶日本の外交の方針である平和主義と国際貢献は重要だよ。❷「非核三原則」はよく出るよ。❸多様性を尊重することの重要性をつかんでおこう。❹「持続可能な社会」への取り組みを覚えておこう。

②多様性の尊重／③持続可能な社会のために

・**世界遺産条約**…UNESCO《ユネスコ》の提案で1972年に採択《さいたく》された→世界の貴重な自然や文化財を**世界遺産**として保護することで，将来に残すことが目的

・「文化の多様性に関する世界宣言」→文化の多様性を「人類共通の遺産」と位置付け，民主主義の実現や社会の発展に欠かせないものであるとした

・異なる民族や文化の間で対立…地域紛争やテロの要因になる

・「**人間の安全保障**」…一人一人の人間の生命や人権を大切にする

・持続可能な社会を築く…私たち一人一人の意識と行動が重要→国境をこえて協力し合うことが求められている

もっと公民 パレスチナ問題と中東《ちゅうとう》和平 教科書 p.212

①パレスチナ問題の歴史的背景／②イスラエルの建国

・第一次世界大戦中，イギリスはユダヤ・パレスチナ両方の建国を支援

・1948年，ユダヤ人がイスラエルの建国を宣言→第一次中東戦争(パレスチナ戦争)→イスラエルとアラブ諸国の間で紛争状態が続く

③遠い中東和平の実現

・1964年，パレスチナ解放機構(PLO)創設

・1994年，パレスチナ自治政府の設立→パレスチナ人の自爆《じばく》テロやイスラエルの軍事攻撃《こうげき》→パレスチナ問題は未解決

関連用語

非核三原則 1967年，当時の総理大臣であった佐藤栄作氏が，国会答弁で初めて述べた，核兵器を「持たず，作らず，持ちこませず」という核兵器の扱いに関する日本政府の方針。1971年に国会で決議された。

文化の多様性に関する世界宣言 異なる文化の間の相互理解を深め，寛《かん》容《よう》，対話，協力を重んじる**異文化間交流**を発展させ，世界の平和と安全に結び付けるために，UNESCOにより，2001年に採択《さいたく》された宣言。

要点チェック

□第二次世界大戦後の日本が，外交の重要な方針としているものは平和主義ともう一つは何か。	国際貢献《こうけん》
□日本国憲法で，平和主義を採ることを明確に示しているのは前文ともう一つは何か。	第９条
□唯一《ゆいいつ》の被爆《ひばく》国として，核兵器《かくへいき》の廃絶《はいぜつ》を訴《うった》え続けている日本がかかげている原則とは何か。	非核《ひかく》三原則
□日本の自衛隊が，南スーダンなどで行っている国連の活動は何か。	国連平和維持活動（PKO）
□先進工業国の政府が行う途上《とじょう》国に対する格差解消などのための援助《えんじょ》は何か。	政府開発援助（ODA）
□日本が，地球環境《かんきょう》問題や地域紛争《ふんそう》などの解決について，国際協力のための枠組《わくぐ》みづくりの貢献《こうけん》の一つとして策定した，2015年に国連で採択《さいたく》された計画とは何か。	持続可能な開発のための2030アジェンダ
□現在の国際社会の中で，日本とアメリカ両国だけでなく，アジアをはじめとする世界の安定にも影響《えいきょう》している日本とアメリカの同盟は，何という条約に基《もと》づいて結ばれているか。	日米《にちべい》安全保障条約（日米安保《あんぽ》条約）
□核兵器の開発やミサイルの発射など，国際社会の平和を乱す，問題の多い政策を取り続け，日本との間では，日本人が拉致《らち》された問題が解決していない国はどこか。	朝鮮《ちょうせん》民主主義人民共和国（北朝鮮）
□世界の三大宗教といわれるのは，イスラム教，仏教ともう一つは何か。	キリスト教
□三大宗教など，地球社会を豊かにしている世界に見られるさまざまな文化のちがいなどを何というか。	多様性

□世界の貴重な自然や文化財を世界遺産として保護するために，1972年，UNESCOの提案で採択された条約は何か。	世界遺産条約
□2001年にUNESCOで採択された，文化の多様性を「人類共通の遺産」と位置付け，民主主義の実現や社会の発展に欠かせないものであるとしている宣言とは何か。	文化の多様性に関する世界宣言
□現在の国際社会で，平和と安全を実現するために求められている，一人一人の人間の生命や人権を大切にする考え方とは何か。	人間の安全保障
□多様性を尊重しながら，異なる文化を十分に理解することを何というか。	異文化理解
□2001年に，アフガニスタンのイスラム政権が破壊《はかい》した石仏《せきぶつ》は何か。	バーミアンの石仏
□アラビア語で「許されている」という意味で，人の行《こう》為《い》や物が，イスラム教の教えに沿っているかどうかを示す言葉は何か。	ハラル
□パレスチナに，紀元前11世紀ごろに建設された国家がほろんだ後，世界各地に離散《りさん》したのは，なんという民族か。	ユダヤ人
□帰るべき「約束の地」と考えられているパレスチナに再びユダヤ人の国家を造ろうとして，19世紀末に起こった運動を何というか。	シオニズム
□19世紀末にパレスチナに住んでいた，イスラム教徒であるアラブ系の人々を何というか。	パレスチナ人
□1948年，ユダヤ人が建国を宣言した国は何か。	イスラエル
□1964年に創設されたパレスチナ人を代表する役割を果たしている機構とは何か。	パレスチナ解放機構（PLO）

得点アップ ◉定期テスト対策問題①◉

❶ これからの地球社会と日本について，次の問いに答えなさい。

⑴ 右のグラフを見て，次の問いに答えなさい。

① タイトル中のAは，日本が行っている国際貢献《こうけん》の一つである途上国の開発支援《しえん》の中心となるものである。このAを何というか答えなさい。

（ 政府開発援助《えんじょ》(ODA) ）

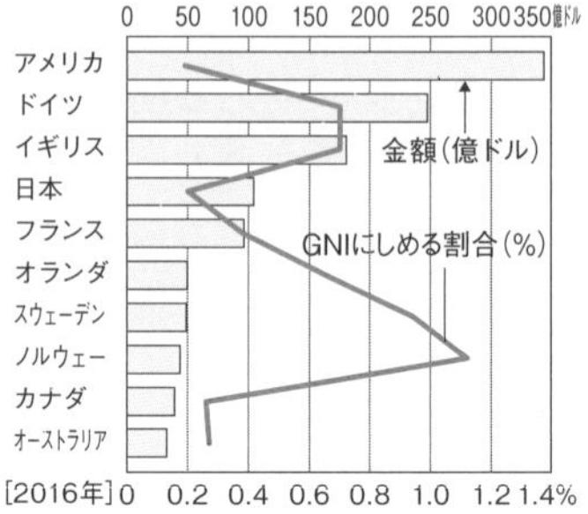

⬆主な先進国のA額とそのGNIにしめる割合

（「政府開発援助（ODA）白書」2013年版）

② グラフ中のGNIの正式名称を次のア，イから選び，記号で答えなさい。

ア 国内総生産　　イ 国民総所得

（ イ ）

⑵ ⑴の①で答えた開発援助《えんじょ》には，日本の二国間政府援助もある。対象の地域としてはアジア，中東・アフリカ，ヨーロッパ，オセアニアなどがあり，それらの地域の国々へ援助をしている。これらの地域のうち，日本が最も多くの援助をしているのはどの地域かグラフを見て答えなさい。

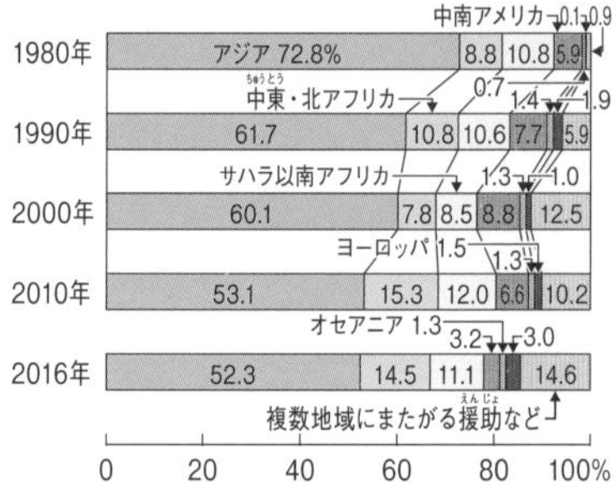

（ アジア ）

⑶ 日本が行っている国際貢献の一つに，国連平和維持《いじ》活動がある。2016年には，自衛隊が南スーダンで内戦で避難《ひなん》した人々の保護区の防護壁《ぼうごへき》の建設などの活動をした。この平和維持活動を英語の略称《りゃくしょう》で何というか答えなさい。

（ PKO ）

2 日本の平和主義や国際貢献，外交政策について，次の問いに答えなさい。

⑴　戦争を放棄《ほうき》して世界の平和のために努力する，という平和主義をかかげている日本の最高法規は何か答えなさい。　　（　日本国憲法　）

⑵　日本は外交の重要な方針として「平和主義」を採り，日本国憲法の前文と第９条で明確に示しているが，特に強く主張しているのが非核《ひかく》三原則である。その三原則を答えなさい。

核兵器を（ 持たず・作らず・持ちこませず ）

⑶　日本が行っている国際貢献の一つに，国連の「持続可能な開発のための2030アジェンダ（行動計画）」がある。この計画にかかげられている持続可能な開発目標の英語の略称を答えなさい。

（　SDGs《エスディージーズ》　）

⑷　⑶で答えた計画では，下のような目標をかかげている。その目標は全部でいくつかかげられているか。数字で答えなさい。

１．貧困をなくそう
２．飢餓《きが》をゼロに
３．すべての人に健康と福祉《ふくし》を

（　17　）

⑸　戦後の日本の外交では，アメリカとの関係が重要である。世界の安定にも影響《えいきょう》する，日本とアメリカの同盟は何という条約に基《もと》づいているか答えなさい。

（ 日米安全保障条約 ）

⑹　⑸の条約が最初に結ばれたのは西暦何年か。　　（　1951年　）

⑺　日本の近隣《きんりん》の国で，核兵器の開発やミサイルの発射など，国際社会の平和を乱す，問題の多い政策を取り続け，日本人が拉致《らち》された問題が解決していない国はどこか答えなさい。

（ 朝鮮《ちょうせん》民主主義人民共和国（北朝鮮） ）

得点アップ ●定期テスト対策問題②●

1 世界各地で文化の多様性を守るために行われている取り組みについて，次の問いに答えなさい。

(1) 日本の奈良にある「法隆寺《ほうりゅうじ》」やバチカン市国にある「サン・ピエトロ大聖堂」は，世界遺産《いさん》に認定されている。世界遺産条約に基《もと》づいて，各国から申請《しんせい》された文化財などを世界遺産として認定するのは国連の何という機関か。英語の略称《りゃくしょう》で答えなさい。

（ UNESCO ）

(2) 次の文章は，2001年に出された「文化の多様性に関する世界宣言」の一部を示したものである。（　　　）に入る適切な言葉をあとから選んで，記号で答えなさい。

「文化の多様性は，その交流，革新，創造性の源として，人類にとって不可欠なものである。この意味において，文化の多様性は（ イ ）共通の遺産であり，現在および（ エ ）の世代のために，その重要性が認識され，主張されるべきである」

ア 人間　**イ** 人類　**ウ** 若者
エ 将来　**オ** 世界

(3) グローバル化が進む中で，安全と平和を確保するために，一人一人の人間に着目し，その生命や人権を大切にするという考え方が生まれ，世界的に広まっている。この考え方を何というか答えなさい。

（ 人間の安全保障 ）

(4) 世界には数多くの宗教があるが,「三大宗教」とされている三つの宗教をすべて答えなさい。

（ キリスト教 ）（ イスラム教 ）（ 仏教 ）

(5) 「三大宗教」のうち，南北アメリカやヨーロッパ，オセアニアで信者が多いのは何という宗教か。その名前を答えなさい。

（ キリスト教 ）

(6) 2001年，アフガニスタンのイスラム政権が破壊《はかい》した石仏は何か答えなさい。
（ バーミアンの石仏 ）

(7) アラビア語で「許されている」という意味で，人の行為《こうい》や物が，イスラム教の教えに沿っているかどうかを示す言葉を何というか答えなさい。
（ ハラル ）

2 **国際紛争《ふんそう》のうち，いまだに解決をみないのが「パレスチナ問題」である。「パレスチナ問題」に関して次の問いに答えなさい。**

(1) パレスチナは地中海に面した国で，紀元前11世紀ころにある民族(人)の国家が建設された。その民族(人)とは何か答えなさい。
（ ユダヤ民族(人) ）

(2) パレスチナにあった国家がほろんだ後，世界各地に離散《りさん》した人々が，帰るべき「約束の地」と考えられていたパレスチナに帰り，国家を造ろうとする運動が19世紀末に起こった。この運動を何というか答えなさい。
（ シオニズム ）運動

(3) (2)の運動が起こったころにパレスチナに住んでいたのは，イスラム教徒の何という人たちだったか答えなさい。
（ パレスチナ人 ）

(4) 第一次世界大戦の後，パレスチナを統治した国はどこか。国名を答えなさい。
（ イギリス ）

(5) イスラエルにあり，ユダヤ教，キリスト教，イスラム教の聖地とされていて，イスラエルとパレスチナが，それぞれの国家の首都であると主張しており，どの国に帰属しているかが大きな課題となっている都市の名前を答えなさい。
（ エルサレム ）

(6) 1948年にイスラエルの建国が宣言されると，これに反対するアラブ諸国との間で戦争が起こった。この戦争を何というか答えなさい。
（ 第一次中東《ちゅうとう》戦争(パレスチナ戦争) ）

(7) 1964年に創設されたパレスチナ人を代表する役割を果たしている機構で，1988年にはパレスチナ国としての独立を宣言したこの機構の英語の略称を答えなさい。
（ PLO ）

より良い社会を目指して

教科書　p.213～p.218

要点整理

1 持続可能な社会の形成者として

・現代社会に存在する，人類の未来をおびやかす多くの課題を「自分事」としてとらえて，解決策を探求する

・持続可能な社会：社会や経済の発展と環境の保全とを両立させ現在世代の幸福のみでなく，将来世代の幸福を満たせる社会

2 持続可能な社会を実現するために

①五つのテーマの中から，解決すべき課題を設定しよう

②資料を集め，探究しよう

・テーマ：「環境・エネルギー」「人権・平和」「伝統・文化」「防災・安全」「情報・技術」などの課題

・地域の状況《じょうきょう》をとらえるために…調査→探究し発表→調べた内容をグループで議論し考察する

③アクションプランとしてレポートにまとめよう

・「持続可能な社会を実現する」観点から，現代社会のさまざまな課題の探究結果を，アクションプランの形でまとめる

3 探究を続ける

・解決は困難で長い時間を要する→解決策を探究し続ける

・課題は次々と発生→あきらめることなく，ねばり強く解決策を探究し続ける→地球に生きる者の使命→正確な情報を得る→さまざまな人と協力→実現可能性の高い解決策が生み出せる

・「自分事」としてとらえる→「自分にできること」を考える

超重要　持続可能な社会：現在と将来世代の幸福の両立が可能な社会